Gedichte und Geschichten
erlebt, gehört, erfunden

von: Alfred Bäurle

Impressum:
Alle Rechte vorbehalten
Umschlagbild: Alfred Bäurle
Lektorat: Elfriede Minaschek, Bad Homburg

©
Herstellung und Verlag: BoD - Books on Demand, Nordstedt

ISBN: 9 783741 294686

Viel Spass beim lesen

Alfred Bäuerle

11.01.2018

Inhaltsverzeichnis

Am Anfang gereimtes

	Seite
Ein Freund	009
Freiheit	010
Ewige Zeit	011
Entlassung eines Arbeitskollegen	012
Gewissen	013
Dank an den Dichter	014
Der Schmied	015
Zum Kirchweihfest	016
Zum freudigen Ereignis	017
Dank der Firmlinge	018
Gott ist Geist	019
Glaube und Gesetz	020
Geld regiert die Welt	021
Wozu	022
Widerspruch	023
Klatsch	025
Die Blinde	026
Das Körnerbild	028
Innehalten, stille sein	029
Hoffnung und Zuversicht	030
Vom Verweilen	032
Geburtstagswünsche	033
Zum Geburtstag	034
Weihnachtsgedanken	035
Verwandelt und verschandelt	037
Epidemie der Weihnachtsmärkte	039
Dem Kommunionkind	041
An das Brautpaar	042
Erinnerung Yur'yev-Pol'sky-Nördlingen	044

Inhaltsverzeichnis

Rieser Mundart

	Seite
Vom Überfluss	047
D's Brautexama	049
D'r Sonntebrota	051
Vom Rocha en de 50 Johr	054
Von d'r verschurta Baire	056
S' Kreiz mit m Kreiz	059
Adventsgedanken	060

Advent- und Weihnachtszeit

Ein Weihnachtserlebnis	062
Begegnung im Park	065
Die Einladung	069
Vom Nussmärtl	078
Begegnung am Kriegerbrunnen	083
Ein besonderes Geschenk	089
Sonderbare Begegnung	092
Die Weihnachtsdiskussion	095
Ein sonderbarer Traum zur Weihnachtszeit	100
Heiligabend anno 1950	104

Mitten aus dem Leben

Vom Herzog der über sein Volk herzog	113
Die schlagfertige Großmutter	115
Der sündige Pfarrer	116
Zwei dumme Gänse	118
Der angepasste Gruß	120
Das dünkelhafte Blaublut	122
Das Fräulein vom Amt	124

	Seite
Das alternative Horn	126
Die Beichte	129
Die fröhlichen Gänse	132
Paradiese überall	135
Die Gänse im Weischacker	138
Ein besonderer Berufswunsch	142
Die Wallfahrer	144
Der Wetterprophet	147
Der verhängnisvolle Wetterbericht	149
Der bibelkundige Soldat	152
Not bricht Gebot	154
Der herzlose Waldaufseher	159
Wie ich meiner Tante einen Bären aufband	162
Die Rache des Azubis	167
Die Todkranke und die Versehgarnitur	172
Dem Tode nahe...	176
Die späten Folgen der Glaubensspaltung	181
Die letzten Worte	191

Ein Freund

Ein guter Freund, der dich gut kennt,
dir offen deine Fehler nennt.
Ein schlechter Freund es anders hält,
erzählt davon der ganzen Welt.

Freiheit

Wo kein Charakter mehr erlaubt,
und nur Gehorsam nach Dekret,
wird die Freiheit uns geraubt. —
Die Lüge kommt, die Wahrheit geht.

Ewige Zeit

Endlos die Zeiten die waren.
Ewig was vor uns an Jahren.
Durch der Gegenwart Atem verbunden,
als menschliches Dasein empfunden,
jagt in des Augenblicks Schnelle,
das Leben, und tritt auf der Stelle.
Taub der göttlichen Kunde,
verrinnt uns Stunde um Stunde.

Entlassung eines Arbeitskollegen

Der Mohr hat seine Schuldigkeit getan,
der Mohr kann gehn,
doch der Gedanke, dass der Chefetagen Plan
noch weitere Spuren narbt, der bleibt bestehn.

Der Mensch an sich wird zur Figur,
so scheint es mir in diesen Tagen,
wenn das Gewinne scheffeln pur
zum Götzen wird! Wer kann's ertragen?

Flexibel und mobil zu sein,
heißt das moderne Zauberwort,
doch der Mensch braucht ein Daheim,
und Arbeit an dem gleichen Ort.

Zum Abschied sag ich euch: „Viel Glück".
Vom Gestern lebt die Zukunft heute.
Vom Leben bleibt ein Stück zurück,
Wer fragt danach? Sagt an ihr Leute!

Gewissen

Das menschliche Gewissen,
zahlt an den Irrtum ohne Frage
Tribut, so kann das sanfte Ruhekissen
zum Stachel werden und zur Plage.

Dank an den Dichter

Ein Mensch der schöne Reime dichtet,
von andern Gutes nur berichtet,
das Herz und nicht das Geld gewichtet,
des Lebens Sinn schon hat gesichtet.

Im Alltag werd ich aufgerichtet,
die Stunden werden hell belichtet,
wenn mein Auge Verse sichtet,
die ein lieber Mensch gedichtet.

Der Schmied!

Wenn ich an meinem Amboß stehe,
in die hellen Flammen sehe,
um mich her die Funken sprühen,
und prüfe des Metalles Glühen,
den Hammer dabei kräftig schwinge,
damit es wie ein Danklied klinge.
Durch der Schläge hellen Klang,
steigt empor mein Lobgesang.

Wie im Flug verrinnt das Leben,
das uns Gott anheimgegeben.
Und des Schicksals stummes Lied
prägt den Menschen, wie der Schmied
Eisen formt, mit starker Hand,
der Glaube bleibt als Unterpfand.
Und die Liebe webt die Zeit,
mit Freude, Glück und auch dem Leid.

Zum Kirchweihfest!

Das Jahr eilt seinem Ziel entgegen
und manche Arbeit ist getan,
da kommt die Zeit doch sehr gelegen,
in der die Kirchweihfeste nahn.

Rechnen, planen, wagen, streben,
dies mag alles wichtig sein.
Doch der Mensch braucht um zu leben
auch das Fest zum Glücklichsein.

Wer die Arbeit nicht kann lassen
wird zu seinem eignen Knecht.
Sogar die Spatzen in den Gassen
spotten seiner, und mit Recht.

Wenn Menschen miteinander reden,
trinken und essen frohgemut,
wird ihnen neue Kraft gegeben
und alles geht nochmal so gut.

Darum sind die Kirchweihtage
in unsrer Zeit ein schöner Brauch.
Der Alltag ruht und seine Plage.
— Die Seele braucht die Ruhe auch. —

Zum freudigen Ereignis

Es freut sich im Verwandten-Kreise
ein jeder sehr auf seine Weise.
Die schöne Nachricht macht uns froh.
Wir rufen laut: Macht weiter so!

Dass der Sippe Kreis sich weitet,
das Kind viel Freude euch bereitet,
wünschen wir und alle Leute,
für die Zukunft und auch heute.

Der junge Mann auf diesem Bilde,
umgeben von der Schwestern Gilde,
sieht dem Leben forsch entgegen.
Gesundheit und auch Gottes Segen,

soll bei ihm sein, sein ganzes Leben.
Wir werden freudig „einen heben",
und auf den Sprössling klingen lassen,
hell die Gläser und die Tassen!

Beinahe hätten wir's verträumt
und das Wichtigste versäumt,
den Eltern wünschen wir dazu:
„Am Tag viel Glück und nächtens Ruh"!

Dank der Firmlinge

Nun ist die Seele wohlgenährt,
das Herz vom Geist getragen,
jetzt sei dem Leibe nicht verwehrt,
was wohltut Bauch und Magen.

Damit alsbald Ihr Gaumen lacht,
so kam uns der Gedanke,
dass auch ein Bischof Brotzeit macht
mit Schinken, Brot und Tranke.

Der Spargel prächtig hier gedeiht,
und Wurst gibt Kraft zum leben,
das Weizenbier den Durst vertreibt,
es soll Ihr „Wohlsein" heben.

Auf daß der Schinken trefflich munde,
gesegnet sei der Mahlzeit Freude!
Wir danken herzlich für die Stunde,
die wir erlebt mit Ihnen heute.

Dankgedicht der Lauber Firmlinge an
Erzbischof Dr. Josef Stimpfle

Gottes Geist

Gott ist Geist!
Frei in allem Tun.
Seine Schöpfung preist
das Werden und das Ruhn.

Glaube und Gesetz

Glaube braucht Gesetze nicht,
strebt nicht nach der Macht.
Wer nur für Paragraphen ficht,
bleibt blind und in der Nacht.

Der Mensch beharrlich im Versuch
zu regeln Tun und Lassen,
füllt die Regale, Buch um Buch.
Wer könnte alles fassen?

Wie einst der Turm zu Babylon,
wächst der Erlasse Drohgebärde,
doch der Gesetzeswut zum Hohn
wuchert das Unrecht auf der Erde.

Das Göttliche macht uns gerecht!
Gesetze sind tot und starr!
Der Mensch ist frei, selbst wenn er Knecht,
ob Genius, ob Narr.

Geld regiert die Welt

Geld regiert die Welt
tönt es aller Orten.
Kein Wunder unterm Himmelszelt
nicht enden wollen Krieg und Morden.

Gar mancher schachert, betrügt und lacht,
lebt nur zum Reichtum zählen.
Die Mammon sich zum Gott gemacht,
der Geldteufel wird sie quälen.

Wozu?

Rennen, jagen, schachern, wagen!
Ich frage euch: Wer kann mir sagen?
Wo bleibt die Logik, wo der Sinn,
wenn alles trachtet nach Gewinn?
Hat nicht sein Leben längst zerstört,
der keinen Vogel singen hört?

Widerspruch
(zum Tod von Nathalie)

Ein Aufschrei gellt durch's Land,
die Massen sind in Wut entbrannt
als man das Mädchen hat gefunden
das vor Wochen war verschwunden.

Zerissen war sein buntes Kleid
und vom Fundort gar nicht weit
lag unversehrt sein Teddybär,
den es geliebt von Herzen sehr.

Geschändet und zu Tod gebracht,
war es in einer Vollmondnacht,
von einem Mann in wilder Gier
getötet worden, wie ein Tier.

Gefangen wird der Unhold bald,
als er in einem nahen Wald,
im Schatten eines Baumes kauert
und auf ein neues Opfer lauert.

In wildem Zorn man reden hört:
hängt den Kerl, er ist gestört!
So ein Mensch ist es nicht wert
dass das Volk ihn noch ernährt!

Mit großen Lettern wird berichtet,
verlangt, gefordert und gerichtet
und schon bald hat sich gezeigt:
der Zeitungs-Umsatz mächtig steigt.

Ein Gericht klärt das Verbrechen,
um ein Urteil dann zu sprechen.
Bald darauf, nach wenigen Wochen,
hat niemand mehr davon gesprochen.

Sinnierend fragt ein alter Mann
warum es denn geschehen kann,
dass jeden Tag und jede Nacht
so Viele werden umgebracht?

Er schüttelt wirr sein graues Haupt,
weil das Gesetz dieses erlaubt.
Dass solches Töten legitim
versteht er nicht. Es fröstelt ihn.

Wer beklagt das Tun, das Schlimme?
Wo dröhnt des Volkes mächt'ge Stimme?
Das Recht auf Leben wird vernichtet,
Kinder schuldlos hingerichtet!

Verätzt wird da der kleine Leib,
herausgesaugt vom Mutterleib.
Vom Volk wird dieses still geduldet
Rechenschaft wird nicht geschuldet.

Niemand will ich klagen an,
so murmelt still ein alter Mann.
Doch kann der, der gibt das Leben,
solches Handeln uns vergeben?

Wankend und nach müdem Schritte
hat er weinend seine Bitte
vor dem Gotteshaus vergossen,
das Portal, es war verschlossen.

Klatsch

Da stehen sie im engen Kreise,
schnatternd wie der Gänse Schar,
künden laut und wispern leise,
was geschehen alles war.
Bei jenen hat es Streit gegeben,
dort fehlt das Geld, es ist wohl wahr,
ein Andrer nicht mehr lang wird leben
der Doktor zweimal da schon war.

Oh ihr Wissen ist umfassend,
im Großen, und auch im Detail
freien Lauf den Zungen lassend
bieten sie Intimes feil.
Nur euch kann ich es anvertrauen,
raunt da jemand, kaum zu hören.
Max hat seine Frau verhauen
ich bin gewiss, ich kann's beschwören.

Sie wägen sorgsam das Gehörte,
Stolz empfindend in der Brust,
was Jener da so fest beschwörte
sie haben alles längst gewusst.
Hören nicht auf ihr Gewissen,
eilen in ihr Haus geschwind,
sich sicher wähnend in dem Wissen,
dass sie nicht solche Schwätzer sind.

Die Blinde

Sie hat es gut, so hört man tönen!
Hat alles was das Herz begehrt!
Geht nicht zur Arbeit, braucht nicht löhnen,
lebt frei, von Sorgen unbeschwert.

Viele möchten es gern wissen:
Was tut sie nur das ganze Jahr?
„Sie wird wohl ruhen auf den Kissen,
Kaffee trinken, das ist klar."

Und wenn ihr Onkel der schon alt,
bald und kinderlos wird sterben,
seine Äcker und den Wald,
wird sie, ganz gewiss, dann erben.

Ach wie hecheln ihre Zungen,
Missgunst wuchert ohne Schranken,
und vom Neide ganz durchdrungen
ranken wabernd die Gedanken.

Sorgend, still in treuem Fleiße,
ohne Lärm und lautes Prahlen
unbemerkt ganz still und leise,
hört sie nicht ihr schnöd' Gebaren.

Sie richtet auf, hilft Bürden tragen,
freundlich ohne Hintersinn,
ohne nach dem Lohn zu fragen
schenkt sie Zeit und Mühe hin.

Verschweiget still das eigne Leid,
wenn das Licht zum Schatten neigt
glaubt und betet, dass die Zeit
Hoffnung noch, und Freude zeigt.

Erträgt die Nacht, die sie umgibt,
weiß sich in Gott geborgen,
weil sie liebend schenkt und gibt
erträgt sie ihre Sorgen.

Es bleibet Jedem überlassen
sein Urteil selbst zu fällen.
Was treibt die Leute auf den Gassen
frech ihr Leben zu vergällen?

Man verzeihe wenn ich klage,
naiver als ein kleines Kind,
ohne Vorwurf danach frage:
Wer wohl hier die Blinden sind?

Das Körnerbild

Ein Samenkorn so winzig klein
bleibt unscheinbar, wenn es allein.
Doch wenn man sie von verschiedener Art
zusammenlegt, zusammenpaart,
mit Liebe und mit Phantasie,
entsteht ein Bild voll Harmonie.

Wir Menschen sind den Körnern gleich:
alleine arm, zusammen reich,
ein jeder kann für sich allein
nur ein Teil vom Ganzen sein.
So säe jeder in der Welt
sich selbst als Korn in Gottes Feld.

Daraus wächst still nach weisem Rat,
ein Bild das viele Farben hat.
Und ob im Schatten oder Licht,
ein jeder tue seine Pflicht,
mit Liebe, viel Geduld und Mut!
Gott lässt wachsen – so ist es gut.

Gedanken zum Körnerbild, das zum Erntedankfest von den Lauber Pfarrgemeinderätinnen aus vielen Samenkörnern zu einem Mosaikbild zusammengetragen wurde

Innehalten, stille sein ......

Wenn Jahre, die im Rücken liegen,
die kommenden schon überwiegen,
schau'n wir in solchem Augenblick,
melancholisch meist, zurück.

Soll man auf die Zukunft bauen?
Oder stille sein und schauen?
Einfach warten auf das Morgen?
Oder besser planend sorgen?

Soll man Neues noch beginnen?
Oder sich nur rück-besinnen?
Wer setzt den Anfang, wer das Ende?
Der Zufall, oder Gottes Hände?

Der Augenblick allein ist wahr,
Vergangenheit nicht änderbar.
Die Zukunft webt für uns die Zeit,
das Glück, die Liebe und das Leid.

Hoffnung und Zuversicht

Kein Jahr wird uns verlassen
so wie es uns gefunden,
andere Wege, fremde Gassen
neu sind die Tage und die Stunden.

Das Leben setzt uns eine Frist,
in der es stetig vorwärts drängt,
doch wer es nimmt, so wie es ist
dem wird es täglich neu geschenkt.

Die Zeit zerrinnt und alles fließt
und nichts ist hier von Dauer
nur die Erinnerung begießt
vergangner Tage Glück und Trauer.

Woran kann man sich halten?
was gestern galt bewiesen
gehört heut längst zum Alten
und wird dem Irrtum zugewiesen.

Man sieht nur mit dem Herzen gut
den Augen bleibt verborgen,
dass der, der in der Seele ruht
wird treulich für uns sorgen.

Und weil dies eine Wahrheit ist
die ewig ist und bleibet,
ist ein Christ stets Optimist
auch wenn er sorgend leidet.

Der Herr der Stunden und der Jahre
der uns in seinen Händen hält
verklärt ins Licht und Wunderbare
den, der in seinen Dienst sich stellt.

Vom Verweilen

Nicht die Eilenden,
nur die Verweilenden
sehen was so wunderbar,
schimmernd, leuchtend, hell und klar,
lockend blüht am Wegesrand
und von Gottes Meisterhand
erzählen will, ganz still und leise,
von seiner Art und seiner Weise.

Geburtstagswünsche

Es sei das Heute und das Morgen
voll Freude, und befreit von Sorgen.
Viel Glück, Gesundheit und so weiter,
sein Deine treuesten Begleiter.

Alles was Du willst beginnen
soll vortrefflich Dir gelingen.
und froher Sinn in jeder Lage
sei der Begleiter Deiner Tage.

So wünschen wir zum runden Feste
von allem Schönen nur das Beste.
Ein Gläschen Wein in froher Runde,
soll verzaubern manche Stunde.

Wenn froh und hell die Gläser klingen,
soll Dein Gemüt voll Freude singen.
Alles was Dein Herz bewegt,
sei in Gottes Hand gelegt.

Zum Geburtstag

Es zieht die Zeit im Sauseschritt
den Menschen hoch auf den Zenit,
seines Lebens, seiner Tage,
mit 70 schaut man ohne Frage
fest in das Leben und die Zeit;
aus Zukunft wird Vergangenheit.

Wie mit des Janus Doppelblick,
schaut man vorwärts und zurück,
denkt was man in all den Jahren,
Herbes und Schönes hat erfahren.
Im Schleier des Geschickes Weben,
sucht man nach dem Sinn im Leben.

Wir wünschen Dir viel Mußestunden
die mit Heiterkeit verbunden.
Das stille Glück sei Dein Begleiter,
die Zuversicht Dein Wegbereiter,
und Deines Lebens Melodie
sei eingerahmt in Harmonie.

Über allem: Gottes Segen,
gute Freunde auf den Wegen,
Gesundheit, Mut und frohes Tun—
und auch die Zeit mal auszuruhn.

Weihnachtsgedanken

Flocken tanzen um das Haus,
der Wind singt kalte Lieder,
gegangen ist Sankt Nikolaus
und Kerzen brennen wieder.

Die Sterne leuchten hell am Rand
der endlos weiten Räume.
Still ruht der Wald, das Feld, das Land,
mein Herz webt bunte Träume.

Melodisches zieht durch´s Gemüt,
nährt Kinderzeit-Gedanken,
die Freude am Gewes'nen blüht
es heben sich die Schranken,

des Alltags, Eitelkeit und Tand.
Verstummt sind alle Zwänge.
Das schwere Buch in meiner Hand
sprengt Sorgen und die Enge.

Schweigen heiligt solche Stunden
und die stummen Fragen
schließen Narben, heilen Wunden,
die die Zeit geschlagen.

Vergnügen lebt aus Illusion.
Der Lärm zerstört das Wahre.
Das Göttliche versinkt im Hohn
des Zeitgeist's lärmender Fanfare.

Freude strömt mir durch den Sinn,
mischet sich mit hellem Klingen.
Das Innehalten trägt Gewinn,
mein Herz beginnt zu singen.

Und Liebe wärmt die Seele auf,
lässt dankbar sein, mich werden,
das Jahr vollendet seinen Lauf
nun lasset Frieden werden.

So wünsche ich, dass wohl gelingt
was damals ward begonnen,
und Weihnachten die Gnade bringt
der Seligkeit und Wonnen.

Machen wir es so wie Er,
der wurde Mensch auf Erden.
Die Welt bleibt hart, und roh, und leer,
wenn wir nicht Menschen werden.

Verwandelt und verschandelt!

Bald ist es da, das Fest der Freude
kaufet ein, kauft ein ihr Leute.
Für die Lieben nur das Beste
staunen sollen alle Gäste.

Gänsebrust zum Feiertage,
bester Wein ganz ohne Frage
und um alle zu beglücken
vom scheuen Reh den zarten Rücken.

Plätzchen von der edlen Sorte,
zur Kaffeestunde Weihnachtstorte
Bier, Liköre Spirituosen
die den Gaumen froh umkosen.

Agraffen, Ringe, Edelsteine,
große Klunker, keine kleine,
bald ist es da, das Fest der Freude,
kaufet ein, kauft ein ihr Leute.

Gutscheine für Wellness-Touren,
teuren Duft und Schlankheits-Kuren,
hochprozentiges in Flaschen,
elegante Krokotaschen.

Fitness-Geräte, sündhaft teuer,
stärken Muskeln ungeheuer.
Body-Builder machen auch
aus dem Wanst den Waschbrettbauch.

Damit die lieben, süßen Kleinen
unterm Weihnachtsbaum nicht weinen:
Lerncomputer, Handy, Player
und den eignen Farbfernseher.

Neidvoll unser Nachbar grollt,
wie bei uns der Rubel rollt.
Bald ist es da, das Fest der Freude,
kaufet ein, kauft ein ihr Leute.

Wenn in der Nacht die Glocken klingen,
um frohe Botschaft uns zu bringen,
fragt mancher dann total erschlafft:
Wann wird Weihnacht abgeschafft?

Wer hat die Weihnacht so verwandelt?
Das traute Fest so sehr verschandelt?
Im nächsten Jahr so wird gelobt,
wird der Protest dazu geprobt.

Wir fliehn vor diesem schnöden Treiben
und werden nicht zuhause bleiben.
Malediven und Hawaii
unser Zufluchtsort dann sei.

Das Christkind klagt bei diesen Worten,
wozu bin ich geboren worden?
Und Opa murmelt immerfort:
Fliegt weit, weit weg und bleibt auch dort.

aus Ärger über die zunehmende Vermarktung und
Kommerzialisierung der Advents- und
Weihnachtszeit geschrieben.

Epidemie der Weihnachtsmärkte

Ein Virus breitet sich rasant
aus in dieser Zeit im Land.
Städte, Dörfer, Gärten, Hallen
sind davon schon stark befallen.
Lichtermeere, Tannenbäume
suggerieren schöne Träume.

Weihnachtsmärkte allerorten
in Ost und West, von Süd nach Norden.
Ist da die Frage sonderbar,
ob Jesus Christ Geschäftsmann war?
da sie auf ihn als Ursprung deuten,
hochgelobt von Werbeleuten.

In jedem Jahr die Zahl sich mehret,
die den trauten Stunden wehret,
mit Raffinesse, schlauer List,
verdrängen dass Advent noch ist.
Bratwurstdampf zieht durch die Lüfte,
Lebkuchen- und Glühweindüfte.

In Geschäften und Regalen
„Weihnachtsmänner" stehn in Scharen,
ja sogar an Häuserwänden
klettern sie mit klammen Händen.
Sankt Nikolaus mit viel Glamour
wird dargestellt als Witzfigur.

Süßer Klang und frommer Schall,
trotz Lärm und Hektik überall.

Weihnachtsfeiern laden ein
zu Stimmung, Lied und Kerzenschein.
Ist er auch da, der gute Wille,
s'bleibt keine Zeit für traute Stille.

Advent! – Erwartung ist sein Sinn,
wird umgemünzt zu mehr Gewinn.
Ist die wehmütig gestellte Klage.
nur Nostalgie vergangener Tage?
Am Ende auch die Frage bliebe:
Weihnacht, woher der Name Fest der Liebe?

Dem Kommunionkind

Wo immer Du stehst,
wo immer Du gehst,
wo immer Du eilst,
oder länger verweilst,
versuche im Leben
Freude zu geben,
den Armen und Schwachen
die viele verlachen.

Hinter ihrer Gestalt,
ob jung oder alt,
steht bittend verborgen,
wohl kennend die Sorgen,
der Großen und Kleinen
die klagen und weinen.
Gott! — Er lädt Dich heut ein
an seinem Tische zu sein.

An das Brautpaar

Wenn ich den Lebensbund besehe,
den man nennt ganz schlicht die EHE,
kommt mir die Frage in den Sinn,
was steckt in diesem Worte drin.

Ein „E" am Anfang, ein „E" am Ende,
wie ich es drehe oder wende,
vorwärts, rückwärts, wie man's liest,
es bleibt immer wie es ist.

Manche wissen es ganz genau,
das erste „E" heißt Ehefrau,
das andere, das hintendran,
das stünde dann für Ehemann.

Oder es ist umgekehrt,
ach der Diskurs hat keinen Wert.
Doch das „H" das in der Mitte,
was sagt es uns, wer weiß es, bitte?

Das „H" Symbol für Hölle ist,
so brummt ein echter Pessimist.
Es könnte Himmel auch bedeuten,
so hören wir von andern Leuten.

Es kommt, so denk' ich, darauf an,
dass Ehefrau und Ehemann,
in Liebe zueinander finden
und treu sich aneinander binden.

Dass dies euch immer gut gelingt,
wenn auch das Leben Sorgen bringt,
ist unser Wunsch für euer Leben
Gott möge seinen Segen geben.

Der Himmel ist nicht bei den Sternen,
in unerreichbar weiten Fernen!
Er ist in euch, er ist schon da,
dies sagt ganz deutlich euch das „H".

Erinnerung Yur'jev-Pol'skij Nördlingen

Durch die von Helga Burger aus Nördlingen ins Leben gerufene Russlandhilfe „Menschen für Menschen" entstand eine enge Verbindung mit der russischen Stadt am „goldenen Ring". Seit mehreren Jahrzehnten besteht eine anhaltende Freundschaft zwischen Bürgern des Rieses und der Stadt Yurjev-Polskij. Bei der 1000-Jahr-Feier der russischen Stadt waren viele Mitglieder der Organisation „Menschen für Menschen" eingeladen mit zu feiern. Im Kulturhaus der Stadt wurde vor mehr als 400 russischen Bürgern nachfolgendes Gedicht vorgetragen, das große Begeisterung hervorrief.

Erinnerung und Dank

Viele Menschen, namenlos,
ehrt weder Orden, Buch noch Stein.
Oft ist was klein scheint wirklich groß
und manches Große ist nur Schein.

Die Welt spannt hohe, stolze Brücken,
von Stadt zu Stadt, von Land zu Land,
doch selten will es ihr nur glücken
zu verbinden Herz und Hand.

Über breite Straßen, Täler
rollen Güter, groß und schwer,
der Weg zum „Du", würd' schmal und schmäler,
wenn der Freundschaft Band nicht wär.

Zum Brücken schlagen in die Herzen,
durch Finsternis, durch Zank und Streit,
durch Feindschaft, bittres Leid und Schmerzen,
ist nur ein edler Geist bereit.

Er glaubt ganz fest, dass sich gebührt,
dem Gott zu trauen, der ihn lenkt,
weil dankbar seine Seele spürt,
dass Liebe wieder Liebe schenkt.

Es waren tiefe Hilfsgedanken
die wie Funken Glut entfachten,
still überwanden manche Schranken,
Unmögliches doch möglich machten.

So wuchs die Zahl der guten Hände
die zu helfen an sich schickten
und über manche Widerstände
Freude brachten den Bedrückten.

Briefe, Grenzen überwindend,
Zeilen die die Herzen wärmten,
flogen Sinn und Geist verbindend
zu Verzagten und Verhärmten.

Ein schweres Amt ist doch die Bürde,
das Wenige gerecht zu teilen
um mit Verstand und edler Würde
enttäuschte Hoffnung klug zu heilen.

Das sind die Starken im Lande,
die unter Tränen lachen,
fortfahrend die fesselnden Bande
lösend, zum eigenen Lebensziel machen.

Die mühend sich sorgen,
mit rastloser Hand,
sozial zu versorgen
die Schwächsten im Land.

Als Brüder sind wir geboren,
zu bauen die bessere Welt,
kein Saatkorn geht je verloren,
wo Güte die Felder bestellt.

Wenn Euch auch vergisst
die lärmende Welt,
so glaubet und wisst,
dass Gott euch erhält.

Sein Geist hält geborgen
die Wege des Lebens,
er kennt Eure Sorgen
ihr hofft nicht vergebens.

Lasst helle Lieder froh erklingen,
und reicht uns fest die gute Hand,
alles wird zum Freuden-Singen
welch glückliches, welch schönes Land.

Ackerland und bunte Wiesen,
die Kolokscha fließt ruhig vorbei,
Birken aus der Ferne grüßen
eine stille Melodei.

Wir danken euch für viele Jahre
voll Vertrauen, Menschlichkeit,
es war eine wunderbare,
unvergesslich schöne Zeit.

Jur'jev-Pol'skij lass dich lieben
tausend Jahre fürderhin
in unsere Seelen bleib geschrieben
fülle weiter Herz und Sinn.

Vom Überfluss

Dr Wed stroift übers leere Feld,
dr Hemel hangt voll Schleier,
ond grad wia d' Farb em Wolkafeld
schemmert zruck der Weiher.

Bira leichtet hell wia Gold,
Wefzga deand dra naga,
dronderdont a Blemle hold,
duat leise pfüade saga.

Dia Bira lägat kübelweis
em Gras, koi Mensch wills haba.
Es kennat koi schlechte Bira sei,
wann d'Wefzga sich dra laba.

Am Zwetschgabom sigt's jederma,
schemmerts silbre blo,
dia Äscht ziags weit zom Boda na
wia Trauba hangats do.

Dia reife Zwetschga, lockad siass,
ond Luscht wächst off an Datschi,
am Boda flackats rom wia Gmias,
zertrampelt ond ganz matschi.

O Äpfel legat obadrei,
roatbackad, prall ond rond,
kentat scheaner gar net sei
wia gsät am Ranga dont.

Dia Obstbemkrona rauschat leis,
schöa hommer blüaht, mit Luscht,
an jeds doch of sei eigna Weis
was bleibt des isch dr Fruscht.

Bei Sturm, bei Blitz ond Rega,
semmer treu ond tapfer gschtanda,
hond fescht ghofft off da Sega,
ond iatzt got allas d' Schanda.

A' Opa führt an seine Händ,
mit schwere kurze Schritt
an jeder Hahd a Enklkend
er selber en dr Mitt.

Dr Alte ischt ens Grüabla komma,
bruddelt leise in seim Schmerz:
„So losst ma heit des Sach verkomma!"
Es sticht'n woidle nei ens Herz.

D' Kender höarat sei leisa Stemm,
Troascht wois der Enkel Waldi:
„Opa des isch doch net schlemm!
Mir koffat ds' Obst beim ALDI!"

Ds' Brautexama

En am Dorf, wo --- sag i net,
hot a jonger fescher Ma
a schöas Mädle gera ghet,
wia liaber mas net haba ka.

O dia, vo ehm, so hoiß Verehrta
hot dem Bua ihr Herzle gschenkt,
do hots ganz gwies net da Verkehrta
hot voll Fred ihra Muader denkt.

Ds Weib lobt den Ma, ond o sei Sach,
sei Ewend ischt ganz gwies net kloi!
Alles nui bis nauf zom Dach,
mit deam fehrt ds' Mädle an koi Stoi.

Dia Jonge hont viel Zeit verbrocht,
dia Nächt send gar oft lau ond schea,
so honts anand end Hoffnung brocht.
Ja des isch früher o scho gscheah!

Dem Glück hot des koin Schada do:
„Iatzt tret mer na vor da Altor,
g'heiricht hätt mer sowieso,
jetzt pack mers glei, no en dem Johr."

Ens Pfarrhaus send's zer selba Stond
wall Chrischtapflicht ischt des, woiß Gott,
dass ma baut auf feschta Grond,
was sei Lebtag halta sott.

Dr Pfarrherr hot dia zwoi belehrt:
„Dia Ehe isch a heilger Bond!
dass do derzu dr Hergott ghört,
johraus, johrein ond jeda Stond.

O Kender seiat a großer Sega,
a' Gschenk aus Gottes guater Hand!"
Bei dem Satz rutscht dia Braut verlega
off'm Stuhlrand ommanand.

Dr Pfarr hot schene Bilder gfonda
Hot gredt ond gredt mit Engelszonga,
ond ogfähr noch zwoi guate Stonda
hont em Brautpaar d'Ohra klonga.

Am Schluss denkt se der geistlich Ma,
iatzt muaß i doch no froga,
obs Brautpaar Antwort geba ka,
om soscht will me net ploga.

Drom frogt er zletzscht dia jonge Leit:
„Wiaviel send en Gott Persona?"
Er moit halt dia Dreieinigkeit,
dia en dr Ewigkeit tuat throna.

Dia Braut isch glei off'd Antwort komma,
ner moine d'Frog hots falsch verstanda,
ds' Pfarrherrle hot erstaunt vernomma:
„Zwoiasiebzg, aber ohne Musikanta!"

Der Sonntebrota

Liabs Weib, du bischt a guata Haut,
doch heit muss i dir saga
alle Tag nor Sauerkraut
des schlägt se off mein Maga.

Stippichfleisch am Mede
am Aftermeda Kraut,
am Migde widder ds' Gleiche
Do ben i net erbaut.

Am Donnerschte scho wieder
am Freide Striezel, lange
dia senmer o scho zwider,
wann des so bleibt nocht gange!

Am Samste nocht, was blieba
no von de letzschte Wocha,
do hoscht me bal vertrieba,
i fall scho von de Knocha.

Ja freile liaber Jockel,
moit do sei Weib dia brava,
schlacht mer halt an Gockel,
nocht gits koi Kraut em Hafa.

Mir hont bloss sieba Henna,
do sen zwea Göckel z'viel,
des muass o oiner kenna,
des sagt mer scho mei Gfühl.

Dr Alt tuat ganz verkenna
sein oigentlicha Zweck,
frisst nor de jonge Henna
da beste Woiza weg.

Den deamer heit no schlachta,
deans zwander glei beschliaßa
muass man o soscht verachta
vom Ofaröhrle ka man gniasa.

Doch isch er leicht halt net zom fanga
dear alte stolze Gockel,
zearscht schlupft er onder d' Stange
nocht fliagt er übern Sockel.

Den mias mer anderscht locka,
brommt d's Weible vor se na,
i hol a weng an Rogga
ond strä was vor en na.

Dr Gockel hätts halt wissa müassa
tuat ma d's Leba oim versüassa,
muas ma des bal bitter büaßa,
ond schadafroah tuats Oheil grüaßa.

Kaum hot er z'easchte Körle gschluckt
kommt vo henda leise gloffa,
dr Ma, ond hot'n nonderduckt
so hot'n d' Schicksal ebba troffa.

d's Säustalltürle isch scho offa
derr Hackstock stott der neba
füarn Gockel gitts nix mea zom Hoffa
d's Hadbeil nemmt ehms Läba.

Er flattert lang fascht ohne End
sei Bluat spritzt aus der Gurgel,
er rutscht em Ma no aus de Händ,
ma höart nor a Geschnurgel.

Doch hotschter no am Boda rom
onder de Säustallläger tuater se ergeba,
ganz em Eck weit henta dom
haucht er aus sei Leba.

Derr Ma sturt mit der Gabel,
derr Gockel tuat koin Zucker mea
em Gang ligt Kopf ond Schnabel.
Den Sonntebrota hommer gseah,

so jomerts Weib ond greit derzua,
em Eck dr'hent derr Gockel longert,
da Ma brengt des net aus derr Ruah:
Du Närre! strä an Woiza na,
der kommt scho wanns'n hongert!

Vom rocha en de fuchzger Johr!

Zeascht hot er se alloi recht plogt,
nocht hot dr guate Ma,
em Nochberdorf sein Vetter gfrogt,
ob er ehnm amol helfa ka.

Dia Sach isch ebba dia:
s' Küahstalldach isch nemme dicht
zletscht wärad krank no d'Küha,
des moine ghörat iatzat g'richt.

Dia jonge Leit send alle furt,
drhoim will neamer deana!
Mei Fritz, mei Heiner ond mei Kurt
deant d'Schtuagard Geld verdeana.

Wer net guat moint dr Vetterma,
i lass de doch net hanka,
hosch mer fährt ja o viel do,
hab heit no Grond zom Danka!

Glei wann i morga en dr früah
em Stall hab allas do
ond gmolka send no etle Küah,
stand i scho bei dr do.

Bei dena zwoi do gibts koi Gfrett
ond ohne Federlesa
hontst Arbat obads ferte g'hett
des isch halt so ihr Wesa.

Bevor's zor Brotzeit na g'hockt send,
isch der Ma no gloffa
zom Krämerlada na no g'schwend
zom Zigaretta koffa.

"A' Schachtel Salem hät i gera!"
Krämre bruddelt vor se na,
dr Ma tuats grad no hera:
„Wia ma nor so ebbas rocha ka.

Zuban, Mokri, Roxy, o Reval ka er haba,
dia habe scho mei Lebtag g'het,
Verkoff doch allas en meim Lada!
Blos Salem? Noi! Salem habe net!"

„D' Salem send doch weltbekannt,
es tuat me fascht verschmocha,
dass bei ui em Dorf dia Mann'd
koi Salem mögat rocha."

So ischt em guat Ma sei Woard.
D's Weib moit em aneschlorba:
„Wer d'Salem grocht bei os em Oart,
dia Mann'd send alle g'storba!"

Von dr verschurta Baire

Bei ihr hots allweil Omuas geba,
von dr Früah bis spät end Nacht
ond en ihrem ganza Leba,
hots net oimol Urlaub gmacht.

Gärtle graba, Feschter putza,
Gurka wecka, Äpfel brocka,
zwischanei o d' Heck no stutza,
d' Henna en da Stall neilocka.

Stoffelbaire kennt koi Ruah!
Vor ner d' Sonn schickt easchte Strahla,
vom Mädle hoimschleicht z'morngscht dr Bua,
tuats em Stall scho Ruaba mahla.

Wäsch aufhänga ohne lärma,
Hof zam rauma, Küch naus kehra,
de Duttaseila d'Milch agwärma,
bei de Kinder Streit auswehra.

Kraut eihobla ond neistampfa,
am Kittel schnell an Knopf na näha.
Offm Herd dend Knedel dampfa.
Gschwend no noch der Oma seah.

Hefatoig fescht zamma mischa,
Bluatwüscht en da Kemmich hänga,
den Hurastob vom Kaschta wischa,
Vorhäng en dr Stub aufhänga.

Ds Ofatürle frisch abrosa,
Bloama giaßa, Hemad biegla,

ds Fett von de frische Sulza blosa,
em Stall des jonge Kälble striegla.

Zom Batzabeck schnell nüber sprenga,
dia Essarest em Hod naschmeißa,
dr Nochbre d'Riaser Zeitung brenga,
onterwegs en d'Brotwuscht beißa.

Em Hennastall noch Oier gschoba,
Katzaschüssel haschte spüala,
zor Nähre, s'nuie Kloid anproba,
d' Milch em Stall daust ronterkühla.

Vom Mede früah bis Samste spät,
bleibt koi Zeit net zom verschnaufa.
Gwuahlt wurd allweil, g'schafft ond g'näht,
wall Arbat gits an ganza Haufa.

Zwischa nei no Kinder brenga.
Em Ma o reichle Arbat schaffa.
Vom Händler guate Preis abrenga,
d'Nochberschaft e weng ausgaffa.

En dr Nacht em warma Bett,
gits no lang koi Zeit zom ruha.
Do denkt's noch, i mach a Wett,
Näxscht Wuch gitts no mehr zom tua.

Morga isch scho wieder Sonnte!
Vormittags en d'Kirch zom Beta,
en dera Zeit, denkt sia, do konnte
em Gärtle daus des Okraut jäta.

Scho leitat Glocka hoach vom Tura,
iatzt schnell an Hafa Kraut na gstellt.
Herschafftnei mit lauter Schura,
fend sia koi klois Opfergeld.

An Euro moit's ka's net glei geba,
zwanzg Cent so denkt's dia miasat langa.
Allas will vom Baura leba!
Was opfrat dia wo gar net ganga?

„Ma! gang du derweil voraus!
Hab d's Gebätbuach none gfonda.
Komm net hoim mit am Mordsrausch,
i wart mimm Essa koi zwoi Stonda!"

Glocka hörat auf zom klenga.
„Ui ds Mittagfloisch ja net verpenna!
Do liagt ja s'Buch zom Liadersenga,
iatzt aber gschwend end Kirch na renna."

En dr Kirch scho Orglklang.
D'Stoffelbaire tuat se schicka
Keicht ond rompelt vor em Gang,
tuat se mit G'walt end Bak nei dricka.

D' Baknochbre kriagt an große Schreck.
„Stoffelbeire tua mer saga,
was wilsch denn mit dem Saukopfspeck?"
D' Baire tuat ganz leis ner saga:

„Du wursch denka i tua spenna!
Nochbre lass ner nemads wissa:
Vor lauter Omuas, Hetz ond Renna,
ens Kraut hab i s'Gebätbuch gschmissa!"

S'Kreiz mit'm Kreiz

Streitat zwoi hoißts allerseits
dia send mitnander übers Kreiz.
Hot an Menscha ds Oglück gschlaga,
hot dr sell sei Kreiz zom traga.

Deant zwoi bis aufs Bluat se reiza,
voll Zoara ihre Klenga kreiza,
walls anand halt gar net möga,
will oier da andra offs Kreiz na lega.

Stond Wahla a em ganza Land,
ischt alle Leit gar wohl bekannt,
dass ma sei Kreizle mit Bedacht
beim rechta Kandidata macht.

Ond wann der nocht sein Poschta hot,
em Fadakreiz scho denna stott,
von der Besserwisser-Schar,
em Kreizfeier glei ganz ond gar.

S' Kreiz stot auf de Berg und Gipfel
gschobt ronter über Wald ond Wipfel.
Am Ackerroa tuats o oft schtanda,
ma hots aus Gold om Hals romhanga.

Abertausend off dr Welt
hot ma noch jedm Kriag aufgstellt.
Vom Kreiz ischt d Red johraus johrei.
Warom deff's en dr Schul net sei?

aus Unverständnis über die Diskussion, dass Kreuze in
öffentlichen Einrichtungen nicht sein dürfen gedichtet.

Adventsgedanken

Schneeaflocka tanzat rom oms Haus,
dr Wed sengt kalte Lieder
zo de Kender kommt d'r Nikolaus
ond Kerza brennat wieder.

D' Stera leichtat hell am Rand
aus endlos weite Räume.
Staad liegt der Wald, o's Feld s'ganz Land,
mei Herz webt bonte Träume.

Erennerung ziacht sacht durch's Gemüat,
nährt Kenderzeit Gedanka,
die Fräd am lang scho Gwesna blüaht
es hebet se dia Schranka,

des Alltags, von Eitelkeit und Tand.
Verstommt send alle Zwänge.
Des schwere Buach en meinra Hand
sprengt Sorga ond dia Enge.

S' stillsei heiligt solche Stonda
ond s'losa ohne Froga
schließt Narba ond hoilt manche Wonda,
dia s'ganze Johr hot gschlaga.

Vergniaga lebt aus Illusion.
Dr' Lärm zerstört des Wahre.
Ja! S' göttliche versenkt em Hohn
des Zeit-Geist's lärmender Fanfare.

I brauch koi langa Einkaufsnacht
den ganza Oiertanz,
was ma aus'm Advent heit macht
isch doch ner Firlefanz.

Do quilt d' Erinnerung hervor,
wo i no war a Bua
ond Brotäpfelduft vom Ofarohr
fer os no warad gmua.

Gedanka strömat durch mein Senn,
vermischt mit hellam Glockaklenga.
s' Ennehalta trecht Gewinn,
mei Herz fangt a zom Senga.

Wehmut wärmt die Seael zmol auf,
lasst dankbar sei, mi wära,
dia Zeit got ruhig sein ewiga Lauf,
muaß bloss no Frieda wära.

Drom wösche os, daß endlich g'lengt
was domals hot begonna,
d'Adventszeit os an Seaga brengt
a Seligkeit, ond' Ruah, ond Wonna.

Mach mer's doch genau wia ER,
dear Mensch isch woara auf dr' Erda.
Osra Welt bleibt roh, ond leer,
wann mir net Menscha werad.

Ein Weihnachtserlebnis

In der Fußgängerzone der Stadt herrscht emsiges Treiben. „Weihnachtsmänner" begrüßen die Kinder an den Eingangshallen der Geschäftstempel. „Stille Nacht" plärrt aus den Lautsprechern, Glühweinduft schwängert die Luft und Dunstschwaden von Bratwürsten durchziehen die Straßen, in denen die Buden eng aneinandergereiht liegen.

Ich sehe Menschen die mit verbissenen Gesichtern, schwer beladen mit Geschenken, hin- und zurück hasten. Ein Gewirr von Stimmen, Begrüßungsfloskeln, Hallo und Hi manchmal sogar ein verschämtes schüchternes „Grüß Gott." Andere stehen unruhig an der Ecke, fuchteln und hantieren mit ihren Handys herum, melden Belangloses in die entferntesten Ecken der Wohnungen von Bekannten und Freunden. Am Eingang eines Kaufhauses, wo der Käuferandrang am stärksten scheint, fällt mir ein Mann auf. Ich weiß im ersten Moment nicht, warum gerade er von meinen Blicken gefangen wird.

Nichts besonderes ist an ihm. Es scheint mir aber als hätte er gar keine Eile. Die dunklen Gläser seiner Brille lassen nicht zu in seine Augen zu sehen. Sein Gesicht macht einen zufriedenen Eindruck. Auf seinen Lippen liegt ein sinniges Lächeln. Das ändert sich auch nicht als er von einer Gruppe junger Leute versehentlich angerempelt wird. Scheu murmelt er einige unbeholfene Worte der Entschuldigung, weil er doch einfach so da steht, ohne etwas zu tun zu haben.

Nahezu eine halbe Stunde beobachte ich den Mann. Dabei gewinne ich immer mehr den Eindruck, dass er auf irgend etwas, oder vielleicht auf irgendjemand wartet.
Aber warum ist er nicht mitgegangen? Warum steht er da und strahlt die Gewissheit aus, dass er abgeholt wird?

Es weht ein eisiger Windhauch durch die Straße. Eine Frau mit einem quengelnden Kind an der Hand, das sich offenbar nur durch ein Waffeleis hatte beruhigen lassen, hechelt vorbei. Sie zieht den Kleinen hinter sich her. Die Eiskugel gleitet aus der Waffeltüte direkt auf den Schuh des Mannes. Aber auch dieser kleine Zwischenfall stört den Sonderling nicht. Ich will zu ihm hingehen und ihn ansprechen, einfach so, damit es nicht langweilig wird.

Einige Schritte gehe ich auf ihn zu, grüße freundlich und versuche mit ihm ins Gespräch zu kommen. Aber er nimmt mich nicht wahr. Gerade so als wäre er taub. In diesem Augenblick sehe ich eine Frau aus dem Kaufhaus herauskommen. Sie hat ein kleines Geschenk, liebevoll verpackt, in der Hand. Ihre Augen strahlen. Ich sehe ihr an, dass sie etwas gefunden hat, von dem sie glaubt, einem anderen eine Freude damit zu machen. Schnurstracks geht sie auf den Mann zu und murmelt: „da bin ich wieder, es hat etwas länger gedauert, entschuldige bitte." Der Mann lächelt nachsichtig, zuckt mit den Schultern, greift tastend nach dem Arm der Frau und läuft mit ihr die Straße hinunter.

Jetzt erst erkenne ich, dass er an einem Arm eine Binde trägt, gelb, mit drei schwarzen Punkten darauf. Ich beginne zu begreifen, warum der Mann so gelassen und so glücklich wirkt. Er kann nicht sehen, und nicht hören was wir aus

Weihnachten gemacht haben. Er hat dieses Fest so im Gedächtnis behalten, wie er es von seiner Kindheit her kannte. Still und voll von Erwartung!

Die Geschichte ist natürlich frei erfunden. Oder hat sie sich etwa doch zugetragen?

Begegnung im Park

Der Abschied im dichten Gedränge des Weihnachtsmarktes war kurz. Ein Ehepaar hatte offensichtlich unterschiedliche Vorstellungen von der vorweihnachtlichen Zeit.
Gleichwohl, sie schienen tolerant genug zu sein, jedem das Seine zu lassen. Ein unauffälliger Kuss auf die Wange, ein kurzes zufriedenes Winken und sie liefen in gegensätzlicher Richtung auseinander. Als wäre es abgesprochen, blickten beide nach einigen Schritten zurück. Sie lachten leise und waren offenbar guter Dinge. „Kauf nicht alles allein, andere möchten auch noch etwas haben", rief der Mann seiner Frau noch scherzend zu. „Ja ja Berthold ich weiß schon", gab seine Frau fröhlich lächelnd zurück. Sie kannten sich gut und verstanden sich offenbar ausgezeichnet. Es dauerte nur wenige Atemzüge lang und die Frau war in der wogenden Menge der Marktbesucher verschwunden.

Der Mann blieb noch einige Augenblicke stehen und lenkte dann seine Schritte vom Kriegerbrunnen Richtung Brettermarkt. Dort bog er nach rechts, um an Sankt Vinzenz vorbei direkt durch den Torbogen der Stadtmauer in den Stadtpark zu gelangen. Er liebte diese alten Mauern. Die wuchtige Bastei und die Bäume, die dort bereits winterlich kahl dem nächsten Frühling entgegenträumten, vermittelten ihm das Gefühl von Geborgenheit. Die Kieswege waren feucht aber gut begehbar. Keine Menschenseele war zu sehen. Lediglich in der Ferne konnte er eine ältere Frau erkennen, die einen kleinen Hund an der Leine führte.

Berthold war schon einige Minuten gegangen, als er auf einer Bank eine sitzende Gestalt erblickte, die in einen

Umhang gehüllt, zu schlafen schien. Langsam ging er an dem Fremden vorüber. Er schaute scheu auf die Bank um die geheimnisvoll wirkende Person unauffällig zu mustern. Ein ungutes Gefühl kam in ihm auf. Aber wie ein Unhold sah der Mann nicht aus. Als sich Berthold noch einmal kurz umwandte, bemerkte er, dass der Fremde mit der Hand eine einladende Geste machte die ihn schweigend aufforderte neben ihm auf der Bank Platz zu nehmen. Sollte er, sollte er nicht? Er maß die Statur des Sitzenden, und bemerkte, dass er dem Mann körperlich überlegen war. So nahm er, zögernd zwar, die Einladung an. Sie schwiegen eine Weile. Beide blickten versonnen auf die knorrigen Wurzeln eines mächtigen Baums.

„Sie sind wohl fremd hier in Nördlingen?" fragte Berthold, um ein Gespräch in Gang zu bringen.

„O nein, ich komme jedes Jahr hier her" sagte der Mann und seine Stimme klang warm, geradezu gütig.

„Dann wohnen wohl Freunde oder Verwandte von Ihnen in dieser Stadt?" Berthold ärgerte sich über seine ausgesprochene Vermutung. Würde er dann allein in der Dämmerung sitzen?

„Freunde, o ja das auch, Bekannte sehr viele, alle kennen mich, sogar mit meinem Namen".

„Und was machen Sie dann hier ganz allein? Die Nacht bricht schon herein!"

Berthold wollte sich nicht blamieren, denn er kannte den Fremden nicht und so fragte er nicht nach seinem Namen.

„Ich bringe den Menschen mein Geschenk!" Die Augen des eigenartigen Mannes schienen die Dunkelheit zu durchdringen. Berthold spürte plötzlich den Blick des Sonderlings auf sich gerichtet und bemerkte die Unruhe, die jäh in ihm aufkam. Schon bereute er es, weil er nicht einfach

weitergegangen war. Er versuchte seine aufkommende Spannung durch eine weitere Frage zu dämpfen. Es klang etwas provozierend als er nachhakte: „Was bringen sie denn den Leuten für Geschenke?"
Die Stimme des Fremden klang traurig, als er ruhig aber fest antwortete:
„Ich bringe jedes Jahr das Gleiche!"
„Ist das auf die Dauer nicht langweilig?" gab Berthold etwas spöttisch zurück, um gleich, neugierig geworden, mit einer weiteren Frage nachzubohren. „Was schenken sie? Geld, Schmuck, Urlaubsreisen, Wellnesskuren, Aufenthalte in Schönheitsfarmen? Sie haben mich neugierig gemacht!"

Der Mann zog seinen Umhang etwas dichter an sich heran. Ein kühler Windhauch trieb die letzten Laubblätter tänzelnd über das welke Gras. Dann murmelte er traurig: „Ich schenke den Frieden!"

Berthold konnte ein sarkastisches Lachen nicht unterdrücken, um sich sogleich seiner Häme wegen, innerlich zu schämen. Dennoch gab er zur Antwort: „Den Frieden bringen sie? Hier nach Nördlingen? Wäre ihr Geschenk nicht besser verwendet für Afghanistan, den Irak, den Sudan, den Kongo, und und und...?" Er rang nach den Namen weiterer Länder, die die gnadenlose Geißel des Hasses und der Zwietracht erleiden und fuhr fort: „Nein mein lieber Mann, hier in Nördlingen haben sie an der falschen Türe geklopft!"

Der Fremde stand auf sein Umhang hing lose über seine Schultern, die wie von einer schweren Last nach unten gedrückt schienen. Der lodenähnliche Stoff seiner Pelerine wurde durch einen Windstoß von seinem hageren Körper weggeweht. Seine Gestalt wirkte erhaben und sein Gesicht strahlte eine gelassene Ruhe aus. Berthold erschrak. Hatte er den Fremden unterschätzt?

„Berthold mein Freund!" Berthold wunderte sich, dass der Fremde seinen Namen kannte und ihn plötzlich so vertraut anredete. Er überlegte fieberhaft, ob er dem Mann schon irgendwo begegnet war. Noch einmal kamen die gleichen Worte über die Lippen des Mannes: „Berthold mein Freund! Friede beginnt im Herzen eines jeden Menschen. Mein Geschenk schafft Frieden im Gemüt. Den Frieden, den ich schenke kann die Welt nicht geben!"

„Aber das ist doch.., aber das geht doch...., ich meine....", stotterte Berthold.

Der Fremde schaute Berthold noch einmal mit durchdringendem Blick ruhig und freundlich an. Dann wandte er sich um und verschwand wie ein Schatten in der Dunkelheit.

„Wie lange bringst du denn dein Geschenk schon zu uns Menschen?" rief Berthold in die Nacht hinein.

Einige Herzschläge lang war es still, gespenstisch still. Berthold lauschte angespannt in die Nebelschwaden, die wie hastende, magische Schleier den Stadtgraben durchwebten. Dann schien es ihm, als trüge ein Windhauch die Antwort des Geheimnisvollen an seine Ohren.

„Wenn eure Zeitrechnung stimmt, werden es am 24. Dezember schon mehr als 2000 Jahre!"

Die Einladung

In einer kleinen russischen Stadt lebte einmal ein alter Holzschnitzer. Er war in der ganzen Stadt bekannt ob seiner Fertigkeit. Aus jedem Stück Holz, und war es noch so klein oder krumm, verstand er einen brauchbaren Gegenstand zu schnitzen.

So kamen viele Leute zu ihm, um sich all die Geräte, die man im Haus, im Garten, auf dem Feld, oder zur Verschönerung der Wohnstube gebrauchte, bei ihm zu kaufen.

Der Mann lebte bescheiden und zufrieden mit seiner Frau in seiner kleinen Datscha. Seine Frau Tamara wirtschaftete im Haus und Garten, war sparsam und genügsam. So litten beide keine Not und waren mit sich und der Welt zufrieden.

Ja! Den Schnitzer Iwan Iwanowitsch mochte jeder im Ort. Und weil er so geschickt und hilfsbereit war nannten in alle nur Väterchen Iwanowitsch.

Iwanowitsch war ein frommer Mann. Täglich schon am frühen Morgen ging er zur Kirche, betete und dankte Gott für seine Gesundheit und bat, dass ihm seine gute Frau noch lange erhalten bleiben möge.

Eines Tages, er war wieder zur Kirche gegangen um zu beten, wurde es ganz still um ihn. Auch in seinem Herzen spürte er einen wonnigen Frieden.
Väterchen Iwanowitsch schaute scheu umher und stellte mit Freude fest, dass er ganz allein im Gotteshaus war. Er

räusperte sich, wiegte einige Mal mit dem Kopf hin und her, atmete tief ein und begann dann zu sprechen.

Lieber Gott,
sagte er so demütig er es vermochte. Er kam ins Stottern, fasste sich aber gleich wieder ein Herz und begann von Neuem.

Lieber Gott, seit vielen Jahren besuche ich dich nun schon in deinem Haus.
Er machte eine kurze Pause, prüfte nochmals mit schnellem Blick ob wirklich niemand in der Kirche war, der ihn hören könnte und redete weiter.

Wie wäre es lieber Gott, wenn du mich auch einmal besuchen würdest?

So nun war es heraus. Väterchen Iwanowitsch lauschte angestrengt.
Und tatsächlich er hörte eine feste Stimme die ihm ganz ruhig antwortete:

Gut Väterchen Iwanowitsch. Morgen, gleich morgen komme ich zu dir in dein Haus. Geh nur gleich heim. Morgen, ja morgen komme ich zu dir.

Das Herz von Väterchen Iwanowitsch begann bis zum Hals hinauf zu schlagen. Er lief so schnell heim, so hastig rannte er, dass er ganz außer Atem geriet.

Kaum hatte er die Haustür hinter sich zugeschlagen rief er seine Frau Tamara herbei, die im Garten hantierte.

Tamara lass alles liegen, backe einen Kuchen, bereite ein köstliches Mittagessen und auch noch ein kräftiges Abendbrot und vergiss nicht deine schönste Tischdecke aufzulegen.

Noch ehe Tamara fragen konnte was denn geschehen sei platzte er heraus. Morgen kommt der liebe Gott um uns zu besuchen.

Tamara konnte es gar nicht so recht glauben, begann aber sofort alles so vorzubereiten wie es ihr Mann aufgetragen hatte.

Er selbst lief zum Händler, besorgte 2 Flaschen vom besten Wein,
und auf dem Markt, der gerade stattfand, holte er noch die schönsten Äpfel und Birnen. Etwas Süßes, um den Gaumen des hohen Gastes verwöhnen zu können, nahm er auch noch mit. Die Leute wunderten sich, dass das sonst so sparsame Väterchen Iwanowitsch so großzügig einkaufte.

Als er wieder nach Hause kam fand er seine Wohnung hübsch aufgeräumt. Auf dem Tisch standen Blumen. Die Vorhänge rochen frischgewaschen und das ganze Haus war festlich geschmückt.
Ja auf meine Tamara ist Verlass,
murmelte Väterchen Iwanowitsch zufrieden.

So arbeiteten beide den ganzen Tag und waren mit den Vorbereitungen beschäftigt bis sie am Abend todmüde aber überglücklich ins Bett sanken.

Draußen hatte der Mond schon mehr als die halbe Strecke seines Weges hinter sich gebracht. Noch ehe die Vögel zu zwitschern begannen und noch bevor der Hahn des Nachbarn den nahenden Tag ankündigte, waren beide schon wieder auf den Beinen.

Tamara begann das Frühstück herzurichten, es könnte ja sein, dass Gott schon am Morgen kommt. Aus der Küche roch es verführerisch nach frisch gebackenem Kuchen.

Iwan Iwanowitsch lief unentwegt zur Haustüre um nachzusehen ob Gott schon zu sehen wäre.

Um 8 Uhr läutete die kleine Glocke, die Väterchen Iwanowitsch an der Gartentür angebracht hatte. Sein Herz begann ganz wild zu hämmern.
Als er die Haustüre ängstlich öffnete, sah er den kleinen Jungen André an der Gartentüre stehen. André war immer sehr hilfsbereit. Er hatte ihm oft bei der Arbeit zugeschaut und immerzu Fragen gestellt.

Väterchen Iwanowitsch, bettelte André, aus deinem Küchenfenster riecht es so verlockend nach Kuchen, bitte gib mir ein Stück, ich werde dir dann wieder alles herbeiholen wenn du etwas brauchst.

Nein André, heute nicht, sagte Iwanowitsch mit einer so festen Stimme, dass André erschrak.
Nein heute nicht! Komm morgen wieder. Morgen kannst du meinetwegen Kuchen haben so viel du willst. Heute geht es wirklich nicht. Geh fort! Verschwinde! Ich kann dich heute nicht gebrauchen.

André blickte traurig, wischte sich verstohlen eine kleine Träne aus den Augen und trottete langsam davon.

Der Zeiger der alten Standuhr, die der Großvater von Iwanowitsch von einem reichen Onkel geerbt hatte, rückte immer weiter auf die Mittagszeit zu. Iwan Iwanowitsch glaubte nun fest, dass sein Gast zum Mittagessen erscheinen werde.

Kurz nach zwölf Uhr läutete es wieder an der Gartentür. Väterchen Iwanowitsch sprang auf als hätte ihn eine Tarantel gestochen. Er rannte zur Hautür, riss an der Klinke, dass sie beinahe abgebrochen wäre.

Draußen stand Walodia, ein alter Freund aus der Nachbarstadt Suzdal.
Wenn Walodia in der Stadt war schaute er immer zu Väterchen Iwanowitsch herein. Beide kannten sich schon aus ihrer Schulzeit und hatten sich immer viel zu erzählen.

Hallo alter Freund! rief Walodia und fiel ihm um den Hals, schüttelte unaufhörlich seine Hand und war bester Laune. Ich glaube ich komme gerade zur rechten Zeit. Schon an der Gartentüre habe ich den herrlichen Bratenduft in meiner Nase gespürt. Deine Tamara ist die beste Köchin weit und breit.
In früheren Zeiten war Walodia oft zum Mittagessen geblieben. Er dachte heute würde es wieder so sein.

Väterchen Iwanowitsch merkte das wohl. Aber er druckste verlegen herum und meinte kleinlaut, dass er heute ganz ungelegen käme und dass es leider nicht ginge, dass er zusammen mit ihm esse. Walodia wunderte sich über das seltsame Verhalten seines Freundes. Da er aber wusste was für ein guter Mensch Iwanowitsch war, drängte er nicht weiter. Er dachte im Stillen bei sich, er würde schon seine Gründe haben, schüttelte kräftig zum Abschied die Hand des Freundes und ging seines Weges.

Iwanowitsch wurde immer unruhiger. Sollte Gott ihn tatsächlich vergessen haben. Er hatte es versprochen und was Gott verspricht, das wäre ja noch schöner, das wird er auch halten.

Ich muss halt einfach noch etwas Geduld üben, ermahnte er sich selbst. Er schloss behutsam die Tür und ging ins Haus zurück. Die Suppe wurde kalt und der Braten schmorte vor sich hin. Tamara schüttelte missmutig den Kopf über das seltsame Verhalten ihres Mannes. Was hat er nur, dass er sogar seinen besten Freund wegschickt.

Die letzten Sonnenstrahlen versanken hinter den Wäldern und ein letzter heller Schein schimmerte von den vergoldeten Kuppeln der nahen Kirche herüber.

Es dämmerte bereits. Ein kühler Windhauch fuhr durch die alten Birken die im Garten vor sich hinträumten. Iwan Iwanowitsch saß auf der Ofenbank und wartete. Langsam fielen ihm die Augenlider zu und er begann zu schlafen.

Da läutete es wieder kräftig an der Gartentüre. Er sprang auf, verlor sogar einen seiner warmen Filzpantoffel, so hastig rannte er zur Tür.

Draußen stand ein alter Bettler, er war nur in ein paar alte Lumpen gewickelt. An seinen Schuhen konnte Iwanowitsch durch ein klaffendes Loch die nackten Füße des Alten sehen. Heute sah der alte Mann besonders erbärmlich aus. Väterchen Iwanowitsch wurde wütend und fauchte den Alten an.
Was willst du? Ich habe heute keine Zeit für dich! Komm ein anderes Mal wieder! Heute kann ich dich wirklich nicht gebrauchen! Geh schon! Hau ab, verschwinde!
Der Bettler war ganz verdattert. So hatte er Väterchen Iwanowitsch noch nie erlebt. Sonst war er doch immer so freundlich und gütig zu ihm. Nirgendwo hatte er besseren Tee und kräftigeres Abendbrot erhalten. Der Alte ging mit schlurfendem Schritt davon und murmelte nur sinnierend vor sich hin. Was hat er denn heute, was hat er denn heute?

Die Nacht war herabgesunken, Iwanowitsch wartete, wartete und wartete. Immer wieder horchte er in die Dunkelheit hinaus. Aber Gott kam nicht. Hatte Gott sein Versprechen doch vergessen?

Den Tränen nahe legte sich Iwanowitsch zur Ruhe und schlief trotz seiner großen Enttäuschung endlich ein.

Gleich am nächsten Tag ging Väterchen Iwanowitsch zur Kirche. Und diesmal kümmerte es ihn nicht ob er alleine war, oder ob noch andere Menschen in der Kirche waren, die ihn hören könnten. Sollten es nur alle hören.

Wo warst du Gott? fragte er in ziemlich rüdem Ton und schaute mit zornigen Augen zum Bild des Gekreuzigten hinauf. Ich habe den ganzen Tag gewartet, gewartet und gewartet und du bist nicht gekommen!

Iwan Iwanowitsch erschrak über seine eigene Stimme und den vorwurfvollen Ton den er angeschlagen hatte. Er biss sich auf die Lippen und wartete gespannt was nun kommen sollte.

Es war unheimlich still geworden. Nichts war zu hören. Ein erster Sonnenstrahl schickte sein helles Licht durch das hohe Kirchenfenster herein und strahlte das große Kreuz an, das von der Decke herunterhing und einen langen Schatten auf den Pflasterboden zeichnete. Es war still, unheimlich still. Dann die Stimme.

Iwan Iwanowitsch! Iwan Iwanowitsch was schreist du hier herum?
Warum machst du mir Vorwürfe? Was habe ich dir getan?
Du hast dein Versprechen nicht gehalten schrie Iwanowitsch und erschrak erneut über die Heftigkeit seiner Worte.
Die Stimme Gottes war von gütiger Wärme als sie in Iwans Ohr drang.

Ich habe mein Versprechen nicht gehalten?

Schon begann Iwan Iwanowitsch sich etwas zu schämen, weil er so vorwurfsvoll geredet hatte. Seine Stimme klang etwas gedämpfter als er sagte: Ich habe den ganzen Tag gewartet.

Es entstand eine Pause, in der nichts aber auch wirklich nichts zu hören war. Nicht einmal das Flüstern der Blätter, die der Wind vor sich her trieb war zu vernehmen.

Väterchen Iwanowitsch blickte scheu nach oben. Aber gleich senkte er sein Haupt wieder. Er wagte kaum zu atmen. Bittere Reue stieg in ihm auf.

Dann drang die Stimme wieder durch das Gotteshaus.

Dreimal war ich bei dir, Iwan Iwanowitsch. Am Morgen, am Mittag, am Abend!
Dreimal hast du mich weggeschickt!
Dreimal hattest du keine Zeit für mich!
Da begriff Väterchen Iwanowitsch wie Gott zu den Menschen kommt. Er betete still und mit geneigtem Kopf, zupfte verlegen seinen zerzausten Bart und ging langsam, sichtlich zerknirscht, ohne noch einmal aufzuschauen heim.

Vor seiner Gartentür standen der kleine Junge André, sein Freund Walodia und der alte Bettler.

Väterchen Iwanowitsch liefen vor Freude die Tränen über das faltige Gesicht.

„Kommt alle herein" rief Iwan Iwanowitsch esst und erzählt. Ich selbst will euch bedienen.

Vom Nussmärtl

Wir, saßen wie jedes Jahr am Vorabend des 11. November in der warmen Wohnstube. Wir das sind meine vier Brüder, meine drei Schwestern, unser Vater und unsere Mutter und ich.

„Heute kommt der Nussmärtl, seid also brav und streitet nicht, denn der Heilige Martin sieht alles," sprach unsere Mutter und ließ einen strengen Blick über die Kinderschar schweifen.

Besonders meinen beiden jüngeren Brüdern und mir wurde immer mulmiger. Die furchterregenden Geschichten, die die älteren Geschwister erzählten, ließen unseren Atem stocken.

„Den Straußenbauer Hansl hat der Nussmärtl im vorigen Jahr in den Sack gesteckt und mitgenommen. Da half kein Zetern und kein Schreien. Der Nussmärtl hat dann den Sack zugeschnürt, mit nur einer Hand auf seinen breiten Rücken geschwungen und bis zur alten Egerbrücke getragen." So erzählte unser ältester Bruder mit strenger Miene und schaute dabei so ernst, dass wir am Wahrheitsgehalt seiner Schilderung keinen Zweifel hegten.

„Dort hat er den Sack kurz abgestellt, um etwas auszuruhen, denn der Nussmärtl ist ja gewiss nicht mehr der Jüngste" ergänzte unsere ältere Schwester den Horrorbericht.

„Was geschah dann?" wollte ich wissen.
„Zum Glück hatte der Straußenbauer Hansl sein Taschenmesser in der Hosentasche" berichtete unser Bruder weiter. „Gerade als der Nussmärtl den Sack samt Straußenbauer Hansl hochheben wollte um ihn über die Brückenmauer in die Eger zu werfen, schlitzte er den

Rupfensack auf. Der Nussmärtl zog mit einem mächtigen Ruck den Sack hoch. Doch der Hansl blieb am Boden sitzen und der leere Sack landete genau an der tiefsten Wasserstelle der Eger. Ehe der Nussmärtl bemerkte, dass der Straußenbauer Hansl auf dem Sackboden sitzengeblieben war, ist dieser aufgesprungen und wie ein von Hunden gehetzter Hase durch die Kapellengasse Richtung untere Mühle gerannt. Erst nach einer ganzen Stunde, die er hinter einem Weidenbusch bei zugiger nebliger Kälte verbracht hatte, wagte er sich nach Hause zu gehen," beendete unser Bruder seine Erzählung.

„Aber warum hat der Nussmärtl das gemacht, was hat der Straußenbauer Hansl angestellt?" wollte unser jüngster Bruder wissen.

Diese Frage konnte eine unserer Schwestern wie folgt beantworten.

„Der Dischinger Rudel und der Straußenbauer Hansl haben beim Gänse hüten einen fürchterlichen Streit angefangen. Sie rauften wie zwei wildgewordene Hunde und schlugen mit allem was ihnen in die Hände kam aufeinander ein. Als sie beide atemlos da standen, hat der Straußenbauer Hansl aus Wut, weil der Kampf immer noch nicht entschieden war, mit seiner Hirtenschippe der schönsten Gans des Dischinger Rudel den rechten Flügel abgeschlagen.
Der Dischinger Rudel hat dann seinen Eltern erzählt, dass ein großer *Aaaraweih* (Bussard) die Gänse angegriffen habe. Er habe sich aber mutig dazwischen geworfen und den Raubvogel mit seiner Hirtenschippe verjagt. Dabei habe er leider der unglücklichen Gans den Flügel lädiert." Die Eltern glaubten diese erlogene Geschichte ihres Sohnes und lobten Rudel sogar für sein energisches Eingreifen.

Aber, so meine ältere Schwester mit ernster Miene: „dem Nussmärtl bleibt nichts verborgen, er kennt alle Missetaten, besonders die der Buben."

Bei diesen Worten meiner Schwester wurde mir siedend heiß. Mir fiel ein, was ich im Sommer angestellt hatte. Aus einer Astgabel und Einweckgummiringen hatte ich mir eine Steinschleuder gemacht, so, wie sie damals fast alle meine Kameraden hatten. Mit dieser Waffe habe ich mit kleinen Steinbrocken auf die Hennen unseres Nachbarn Heiner Seiler gezielt. Dabei habe ich den stolzen Hahn dieser einfachen Leute so unglücklich getroffen, dass dieser eine ganze Woche lang, zum Leidwesen der Hennen, seine Gockelpflichten nicht erfüllen konnte.

Der Nussmärtl muss doch wissen, dass dies ein Unglücksfall war, den man mir nicht in die Schuhe schieben konnte, versuchte ich meine Unruhe zu bekämpfen. Eine ganze Weile schilderten unsere älteren Geschwister eine wilde Geschichte nach der anderen. So bemerkten wir nicht, dass unsere Mutter die Stube verlassen hatte. Aber wenn es uns aufgefallen wäre, wären wir sicher auch nicht argwöhnisch geworden. Mütter haben immer was zu tun und gehen in der Stube ständig aus und ein.

Schon nach wenigen Minuten, hörten wir vor der Haustüre einen fürchterlichen Radau. Eine Kette klirrte. Ein Stock wurde gegen die alte hölzerne Haustüre geschlagen. Unser Haushund „Flocki" fing wütend an zu bellen. Aber auch er zog es nach wenigen Augenblicken vor, sich in seine Hütte zurück zu ziehen.

Das konnte nur der in Rage gekommene Nussmärtl sein, sonst hätte ihn unser todesmutiger Hund Flocki schon längst in die Waden gebissen. Dieser Gedanke schoss durch mein Bubengehirn. Ich zitterte wie Espenlaub.

Nun kam der große Auftritt unseres Vaters. Er atmete tief durch, erhob sich energisch vom Kanapee und ging mit entschlossenen Schritten Richtung Haustüre.

Damals habe ich noch nicht gewusst, dass Vater in seinen Jugendjahren ein begabter Schauspieler war, der auf der dörflichen Bühne so manche Charakterrolle bravourös gemimt hatte.

Wir jüngeren Geschwister staunten über den heldenhaften Mut unseres Vaters.

„Was ist hier los zum Donnerwetter!" hörten wir ihn laut schreien.
„Fällt dir nichts anderes ein als meine Kinder zu erschrecken, hau bloß ab, sonst zeige ich dir wo der Hammer hängt."
Wenn mich meine Erinnerung nicht trügt, hat er sogar noch einen kräftigen ganz unchristlichen Fluch ausgestoßen, den ich hier nicht wiederholen will.

Der Nussmärtl fing lauthals an zu klagen. Er jammerte wie ein bezahltes Klageweib am Totenbett. Offenbar hat ihm Vater mit seiner kräftigen Schmied-Faust einen empfindlichen Schlag versetzt.

Wenige Atemzüge später kam unsere Mutter in die Stube gestürmt. In der rechten Hand hielt sie einen kleinen Rupfensack.

„Vater hat den Nussmärtl in die Flucht geschlagen und ihm auch noch den Sack aus den Händen gerissen" triumphierte sie.

Schon kam unser Vater in die Wohnstube. Er mimte einen schwer atmenden Helden der den Nussmärtl Mores gelehrt hat.

Wir waren alle sehr erleichtert. Meine Befürchtungen waren unnötig gewesen.

Mutter schüttelte den Inhalt des Rupfensackes auf den Tisch. Nüsse, Mandarinen, Äpfel, Gutsi, Lebkuchen und Schokolade rollten auf die Tischplatte.

Meine jüngeren Geschwister und ich freuten uns über alle Maßen über den glücklichen Ausgang des Geschehens.

Unsere älteren Geschwister konnten ihre diebische Freude über ihr gelungenes „Schauspiel" nur schwer verbergen. Aber das haben wir bei den vielen Köstlichkeiten die auf dem Tisch lagen natürlich nicht mehr bemerkt.

Begegnung am Kriegerbrunnen

Es war offensichtlich dass die Mutter des neunjährigen Kindes, das nur widerwillig den hastigen Schritten der Frau folgte, sehr genervt war. „Noch zwei Geschäfte, dann können wir heimgehen", so versuchte sie ihren Sprössling etwas bei Laune zu halten. „Ich will aber nichts mehr einkaufen, ich bleibe draußen, geh du allein, ich mag nicht mehr", nörgelte das Mädchen. „Wenn du mir versprichst Annemarie, dass du nicht wegläufst und genau hier auf mich wartest, gehe ich eben allein" gab die Mutter schließlich nach und hetzte seufzend ins Geschäft.

Das Mädchen schaute sich neugierig um, ging einige Schritte vor und wieder zurück, um schließlich einmal um den Nördlinger Kriegerbrunnen zu laufen, blieb einige Atemzüge lang stehen und schaute plötzlich, wie magisch angezogen, in das Gesicht eines Landstreichers, eines Vagabunden, oder wie Papa sagen würde, eines Tagediebs.

Der Alte saß leicht nach vorne gebeugt auf der Bank vor dem alten Brunnen. Sein Mantel reichte bis zum Boden. Die Taschen des arg lädierten Kleidungsstückes waren weit ausgebeult. Aus der rechten Tasche ragte der Hals einer Rotweinflasche heraus. Erst jetzt bemerkte Annemarie, dass der Mann einen Begleiter hatte. Zu seinen Füßen, durch den langen Mantel des Landstreichers nahezu völlig verdeckt, lag ein Hund. Ein großer Hund, aber offensichtlich einer dessen Rasse nicht feststellbar wäre. Das Tier hatte die Vorderbeine ausgestreckt und sein Kopf lag zur Seite gedreht darauf. Hin und wieder schaute der Vierbeiner mit seinen großen traurigen Augen zu seinem Herrn hinauf.

„Weihnachten ist blöd" zischte das Mädchen ohne die Lippen zu bewegen. Der Mann auf der Bank hatte die Rede des Kindes offenbar gehört, denn er wiederholte ihre Worte mit einem fragenden Unterton. „Weihnachten ist blöd? Aber es ist doch noch nicht Weihnachten!" „Siehst du nicht den Weihnachtsmarkt" giftete die Kleine zurück. „Die Buden und Lichter sehe ich wohl, auch die Lieder dringen beständig in mein Ohr", gab der Mann in mildem Ton zurück. „Die Weihnachtszeit beginnt doch erst nach dem letzten Adventssonntag" gab er noch zu bedenken. „Ja und" konterte das Mächen schnippisch. „Adventszeit ist die Zeit der Erwartung, aber wir warten nicht," entgegnete der Alte. Über seine Lippen huschte ein seltsames Lächeln. „Hör zu liebes Mädchen" flüsterte der Mann, der jetzt traurig zu werden schien. „Das Wort Weihnachtsmarkt sagt doch aus, dass dieses Fest vermarktet wird. Du musst lernen auf die Sprache zu achten, wenn die nicht stimmt ist das was gesagt wird nicht das was gemeint ist."

Das Mädchen verstand wohl die Worte des Alten, aber nicht ihren Sinn. „Aber alle wollen doch an Heiligabend ein Geschenk", versuchte das Mädchen den Kaufrausch zu erklären.

„Siehst du" murmelte der Mann, „wir sagen Geschenke meinen aber den Austausch von Waren. Wir machen das Schenken zur Pflicht!" „Hm, das habe ich mir so noch gar nicht überlegt. Aber warum soll ich etwas geben, wenn ich nichts zurückbekomme, ich bin doch nicht blöd", gab die Kleine zurück.

„Man muss nicht dumm sein um wahrhaft schenken zu können" philosophierte der Vagabund und streichelte seinen Hund der sich mit den Vorderbeinen erhoben hatte und seinen Herrn anschaute, als würde er ihn ganz genau verstehen.

„Wie soll das gehen," entgegnete Annemarie, die nun hoffte, dass die Mutter noch nicht so schnell zurück käme. Der seltsame Landstreicher war war für sie interessant geworden.

Der Alte ließ seinen Kopf auf die Brust sinken, er atmete tief, der Luftstrom der durch seine Atemwege floss war zu hören. Das Mädchen dachte, nun sei er eingeschlafen und redete zu sich selbst: „Wahrhaft schenken wie macht man das wohl."

Der Mann war jedoch hellwach. Seine kleinen Augen schauten schelmisch unter den buschigen Augenbrauen hervor. Er lächelte sinnierend vor sich hin, wiederholte langsam die Worte der Kleinen: „Wahrhaft schenken wie macht man das wohl" und redete nach einer kurzen Pause weiter: „Du kannst deine Zeit verschenken, dein Augenmerk, deine Anwesenheit, dein Vertrauen, deine guten Worte, deine Freundschaft, deine Hilfe, deine Liebe, du kannst einem Feind die Hand zum Frieden reichen und ....." „Aber das kann ich doch alles gar nicht kaufen und erst recht nicht als Geschenk verpacken" unterbrach das Mädchen seinen Redefluss. „Gott sei Dank!" entgegnet der Landstreicher, „sonst könnten ja nur die, die Geld haben schenken."

„Wäre es auch ein Geschenk, wenn ich dich an Heiligabend zu uns einladen würde? Aber ich kenne ja noch nicht einmal deinen Namen." Annemarie erschrak über ihre spontane Idee. „Das wäre das schönste Weihnachtsgeschenk" gab der Alte freudig zurück. „Ach ja mein Name - sag einfach Berni zum mir. Aber mein Freund, mein treuer Hund, was ist mit ihm, ist er auch eingeladen und wie heißt du eigentlich?"
„Dein Hund könnte natürlich mitkommen, was beim Weihnachtsessen übrigbleibt, schafft selbst der größte Hund nicht. Ich heiße Annemarie." Sie nannte noch schnell ihre Adresse.
Berni lächelte zufrieden, doch schon wenige Wimpernschläge später wandte er ein: „Was werden deine Eltern sagen, glaubst du dass sie einverstanden sein werden?" Annemarie legte den Zeigefinger auf ihre Lippen, denn in diesem Augenblick kam ihre Mutter aus dem Geschäft. Sie hielt in der einen Hand mehrere Päckchen und noch einige Tragetaschen in der anderen. „Ich werde ihnen nichts von dir erzählen", raunte Annemarie ihrem neuen Freund Berni noch zu. Die gestresste Mutter drückte ihrer Tochter einige Tüten in die Hand und drängte sie schnell weiterzugehen. Berni sah noch die missbilligenden Blicke der vornehm gekleideten Frau.

Der Alte lächelte mild, leinte seinen treuen Hund an, stand auf und ging weiter. Noch einmal blieb er stehen und winkte Annemarie, die verstohlen zurückblickte, zu.

Heiliger Abend. Annemarie saß mit ihren Eltern im Wohnzimmer. Wohlige Wärme und der kostbar geschmückte Christbaum sorgten für eine angenehme Stimmung. Aus der Stereoanlage klang von einem

Knabenchor gesungen, „in den Herzen wird's warm, still schweigt Kummer und Harm..." Annemaries Mutter legte gerade ihr Weihnachtsgeschenk, eine kostbare Perlenkette, in eine Schatulle, als ein helles ding-dang-dong an der Haustüre einen Besucher ankündigte.

„Wer kommt denn jetzt noch so spät, kann man nicht mal an Heiligabend unbelästigt bleiben", brummte Annemaries Vater ärgerlich. Er ging mit raschen Schritten zur Tür, öffnete und sah Berni samt Hund vor sich stehen. „Was wollen sie noch so spät! Ich kenne sie nicht! Halten sie ihren Köter zurück, sonst rennt er mir noch ins Haus", herrschte er den Besucher an. „Entschuldigen sie bitte" entgegnete Berni, „aber ich wurde eingeladen." „Sie sind wohl etwas vewirrt, mit Leuten wie ihnen pflegen wir keinen Kontakt."

„Papa ich habe Berni eingeladen, es ist mein Weihnachtsgeschenk für ihn" verkündete Annemarie schüchtern. „Frau du solltest dich wohl etwas mehr um deine Tochter kümmern", herrschte der Hausherr seine Gattin an. „Erlaube mir darauf hinzuweisen, dass sie auch deine Tochter ist", gab die Angesprochene gereizt zurück. Ein Wort gab das andere und schon nach wenigen Augenblicken entstand ein handfester Streit. Annemarie und Berni sahen einander traurig an. Der Hund schmiegte sich an Berni, als das Mädchen liebevoll seinen Kopf kraulte. „Nimm die Hand von diesem Kläffer, du wirst dir noch Ungeziefer einheimsen", knurrte Annemaries Vater.

„Frohe Weihnachten", sagte Berni in mildem Tonfall, nahm seinen Hund am Halsband, drehte sich langsam um und ging zur Straße. Über Annemaries Wangen rollten zwei dicke

Tränen, als sie ihm traurig nachblickte. Berni drehte sich noch einmal um und warf Annemarie einen liebevollen Blick zu. Sie überlegte lange was der Alte gemeint haben könnte als er vor sich hin murmelte.

„Es ist in mehr als 2000 Jahren ein ganz klein wenig besser geworden. Immerhin wurde ich eingeladen. Meine Eltern wurden damals noch überall fortgeschickt."

Ein besonderes Geschenk

Die Stimmung ist gut bei der gemeinsamen Geburtstagsfeier. Tante Emma und Onkel Hugo schwärmen von ihren Urlaubsreisen, die sie jedes Jahr vom letzten Adventssonntag bis über den Jahreswechsel hinaus unternehmen.
Kinder haben sie nicht. Warum also sparen? Der Freund der Familie, alle nennen ihn Jossi, ist schon etwas angeheitert und seine Lebensgefährtin hat wohl auch schon einige Gläschen genossen. Opa und Oma sind heute auch mit von der Partie. Ungern zwar, aber dem Druck ihres Mannes nachgebend, hat sie schließlich zugestimmt die Schwiegereltern einzuladen. Klara und ihr Mann Gregor leben in blendenden Verhältnissen. Er verdient gut. Freilich, sein Job lässt ihm nur wenig Zeit für seinen Sohn Achim. Klara ist es im Hause, allein mit dem Achtjährigen, langweilig geworden. Wie soll man sich selbst verwirklichen, wenn außer Haus und Garten nur noch Küche und Wäsche bleiben? Schließlich hat sie eine glänzende Ausbildung, und bis zu ihrer Schwangerschaft eine Bankfiliale erfolgreich geleitet. Nun arbeitet sie halbtags in einer aufstrebenden Werbeagentur. Heiner, der Junggeselle geblieben ist, kennt Gregor seit ihrer gemeinsamen Zeit auf dem Gymnasium. Heiner ist IT-Spezialist geworden und berät verschiedene Firmen. Er ist ein Arbeitstier. Zielstrebig und von Ehrgeiz besessen geht er die ihm gestellten Aufgaben an. Liebschaften hat er hin und wieder aber zu einer festen Verbindung fehlt ihm der Schneid.
Als die Stimmung ausufert und die Witze immer zotiger werden, hält es Oma für ratsam Achim auf sein Zimmer zu

schicken. Er könne ja noch etwas Fernsehen ruft ihm sein Vater noch wohlwollend nach.

Als einen kurzen Augenblick Stille einkehrt meldet sich auch Opa zu Wort und fragt neugierig: was wollt ihr eigentlich Achim zum Christkind schenken? Ich habe an ein Lexikon gedacht tönt Oma, als sie von einem kurzen Nickerchen erwacht. Oder einen Werkzeugkasten wirft Opa ein. Die Axt im Haus erspart den Zimmermann, wusste schon Wilhelm Tell. Alle lachen über die kuriosen Ideen der Alten.

Einen Laptop braucht ein junger Mensch meint Heiner im Brustton der Überzeugung. Besser wäre Bargeld und dieses sicher angelegt, um eine gute Ausbildung zu gewährleisten wirft Jossi ein. Seine Lebensgefährtin hickst kurz und stimmt lallend zu. Gregor streicht sich eine Haarsträhne von der Stirn, hebt seine Stimme an und verkündet, dass für ihn nur ein Mountainbike ein passendes Geschenk sei, schließlich bewegen sich diese jungen Leute heutzutage viel zu wenig. Wie wäre denn ein Wasserbett, damit er morgens ausgeschlafen zur Schule kommt, gibt seine Frau Klara zu bedenken.

Die Vorschlagsliste wird immer länger. Nun offenbart Heiner die enormen Vorzüge seines analytischen Verstands. Er packt sein Notebook aus und fabriziert in erstaunlicher Geschwindigkeit auf dem Display eine Entscheidungstabelle. Links stehen untereinander die Namen aller, die bereit sind Achim eine Weihnachtsfreude zu machen. Auf der Horizontalen listet er alle Geschenkideen auf und legt auch noch ein Kästchen daneben an das Achim nur noch anzukreuzen braucht. Opa, und hier zeigt sich seine ganze Lebenserfahrung, meint noch bescheiden: Es müssten noch einige Leerspalten angefügt werden, damit Achim auch eigene Wünsche eintragen könne. Alle nicken anerkennend und die Lebensgefährtin von Jossi lallt: Opa du bist echt cool. Nach dieser kleinen Ergänzung druckt Heiner die Tabelle, sogar in verschiedenen Farben, aus. Mit der so erzeugten Liste muss es für Achim ein Leichtes sein auszuwählen von wem er welches Geschenk erwartet. Du bist ein Genie Heiner, stimmen alle nahezu gleichzeitig ein Loblied an.

Voll Stolz überbringen die Eltern am nächsten Morgen das Papier ihrem Sohn. Sie erklären ihm kurz wie das Papier zu bearbeiten sei und dass er es am kommenden Sonntag ausgefüllt zurückgeben soll. Dann eilen sie, den letzten Frühstücksbissen verschlingend, aus dem Haus.

Schon einen Tage später liegt die Entscheidungstabelle auf dem Wohnzimmertisch. Gregor und Klara durchforschen neugierig das Formular. Nirgendwo ist ein Kreuzchen zu sehen. Sie schauen sich verständnislos an.

Doch, warte, hier hat er noch etwas dazugeschrieben sagt Klara. So? Was wünscht er sich denn?

Hier steht: Ich wünsche mir eure Zeit.

Sonderbare Begegnung

Das Mädchen saß leicht nach vorne gebeugt und mit gesenktem Kopf auf einer Bank in der Fußgängerzone. Es mag vielleicht 16 Jahre alt gewesen sein. Ausgesprochen modebewusst war es anscheinend nicht. Wenngleich es durchaus ordentlich gekleidet war. Aber irgendwie, so schien es wenigstens, hatte es die Trends der letzten Zeit ignoriert. Dabei hatte es ein anmutiges, ebenmäßiges Gesicht. Die großen dunklen Augen wirkten verträumt und welterfahren zugleich. Das Lächeln das den gütigen, ungeschminkten Mund umspielte, verriet, dass es ein Geheimnis kannte, das die wogende Menschenmenge, die sich an den Weihnachtsmarktbuden drängte, offenbar nicht wahrzunehmen vermochte. Es hätte, wenn das Outfit zeitgemäß gewesen wäre, durchaus auf die Titelseite eines Modejournals gepasst. Ich beobachtete die junge Frau eine ganze Weile und hatte das Gefühl, dass sie in sich selbst hineinhorchte, sich aber sicher und geborgen wusste. Gerade als ich daran dachte zu ihr hinzugehen, um etwas mehr über sie zu erfahren setzte sich eine elegant gekleidete Dame zu dem Mädchen auf die Bank. Das Alter der Frau war nicht einfach zu schätzen. Ihr Gesicht war geschminkt, die langen modisch gestylten Haare fielen locker über ihre Schultern. Der Mund verriet Entschlossenheit. Die etwas hervorstehenden Wangenknochen deuteten darauf hin, dass sie großen Wert auf eine schlanke sportliche Figur legte. Es dauerte nicht lange und die Blicke der so unterschiedlichen Frauen trafen sich. Ein kaum zu bemerkendes spöttisches Lächeln umflog die Lippen der Dame, bevor sie anfing zu reden. Sie sprach wortgewandt, in absolut druckreifen, vollständigen Sätzen und sie redete, redete, redete vor allem

über sich selbst. Sie sprach laut, so konnte ich alles mühelos mithören. Ihre berufliche Laufbahn sei wie eine Bilderbuchkarriere verlaufen. Abitur, Studium der Volkswirtschaft, glänzender Abschluss, Anstellung als Direktrice eines namhaften Modeunternehmens.
Das Mädchen hörte sich geduldig den Redefluss der so erfolgreichen Frau an, schien aber nicht im geringsten beeindruckt zu sein. Im Gegenteil, ein mitleidiges Schmunzeln huschte über ihr Gesicht. Die Dame bemerkte dies aber nicht, denn sogleich fing sie damit an ihren stabsfeldmäßig geplanten Lebensentwurf wortreich auszubreiten.
„Haben sie Familie und Kinder" fragte die geduldig Zuhörende dazwischen, als die offenbar beruflich sehr erfolgreiche Frau einmal Atem holte.
Beinahe hätte sich die Dame verschluckt so unerwartet kam für sie die Frage des Mädchens.
„Familie? Nein! Verheiratet war ich schon! Aber es ist nicht gutgegangen. Ja, einmal bin ich schwanger geworden, ungewollt, und dies ausgerechnet in einer Situation die alles auf den Kopf gestellt hätte was ich bisher erreicht hatte. Aber das ist ja nun heute wirklich kein Problem mehr" fuhr sie fort. „Beratung, ein Tag Klinikaufenthalt und der Fall war aus der Welt geschafft." Das Mädchen verspürte, dass die so selbstsicher wirkende Frau etwas nachdenklich wurde, so als ob ihr damaliges Handeln irgendwie doch innerlich an ihr nagte.
Aber diese Regung hatte sie schnell wieder im Griff und fuhr fort. „Mein Ex wollte zwar Kinder, Familie, ein gemütliches Heim und ähnliche Karriereschranken. Dabei hatte auch er einen gut dotierten Posten bei einem Energieunternehmen. Wir konnten es uns mühelos leisten

eine luxuriös ausgestattete Penthousewohnung zu mieten. Unsere Parties an Heiligabend waren bei unseren Freunden sehr beliebt. Der Sekt, Krimsekt natürlich, floss in Strömen, und ein renommiertes Cateringunternehmen brachte exquisite Speisen, Köstlichkeiten aus aller Herren Länder." Sie schwelgte darin von ihrem Überfluss zu erzählen. So bemerkte sie natürlich nicht, dass dem Mädchen die Tränen in die Augen traten.

„Weihnachten haben wir immer gebührend gefeiert" hob sie erneut an. „Lichter, Kerzen, Musik aus meiner sündhaft teuren Stereoanlage, erlesener Wein und andere Köstlichkeiten. Ja Weihnachten ist schon ein ganz besonderes Fest" meinte sie noch und mimte, gekünstelt wirkend, Rührseligkeit.

Einige Herzschläge lang war es nun still.

„Myriam, Myriam da bist du ja, ich habe dich gesucht", drang in die Stille hinein die Stimme eines nicht mehr so ganz jungen Mannes. Seine Kleidung verriet, dass auch er sich der Diktatur der Modeschöpfer nicht unterworfen hatte. „Komm, wir wollen heimgehen es ist schon spät."

Das Mädchen Myriam stand sogleich auf, lief dem Mann entgegen, um sich nach wenigen Schritten doch noch einmal der Frau zuzuwenden. Die Erfolgreiche erschrak als sie gerade noch die Worte des Mädchens, aus denen sie keinen Hauch des Vorwurfs herauszuhören vermochte, vernahm.

„Hätte ich damals so gehandelt wie du, könnte die Menschheit heute nicht Weihnachten feiern."

Weihnachtsdiskussion

Die Stimmung war schon im Büro recht heiter. So entschloss sich das ganze Team, nach Geschäftsschluss gemeinsam durch den Weihnachtsmarkt zu schlendern. Ein leichtes Schneetreiben hatte eingesetzt und die Flocken tanzten, gleich fröhlichen Kindern, um die üppig ausgestattete Beleuchtung in den Straßen. „Jetzt wäre eine Tasse Glühwein genau das Richtige", murmelte Heiner halblaut vor sich hin. Diesen Gedanken hatten offenbar auch die Anderen. Schnell scharte sich die Gruppe um einen runden Tisch. Schon schlürften die Ersten den heißen Trank und prosteten zufrieden den Kollegen zu. Die Frauen schüttelten den Schnee aus ihren Haaren und standen den Männern in puncto Glühweinkonsum keinesweg nach. Witze über den Chef machten die Runde und lustige Anektoden von schrulligen Kunden wurden zum Besten gegeben.

Mitten in die immer fröhlicher werdende Stimmung platzte die meistens sehr introvertiert wirkende Gabi mit einer schwierigen Frage: „Was ist eigentlich die Hauptsache an Weihnachten?"

Bert nahm einen kräftigen Schluck aus seiner Tasse, räusperte sich, holte tief Luft und gab seine Überzeugung preis.

„Das Wichtigste ist Schnee, viel Schnee. Weiße Weihnacht, das war schon in meiner Kindheit mein Traum und der meiner Eltern. Wenn die Flocken leise rieseln und ich vor dem wärmenden Kaminfeuer bei einem edlen, trockenen

Glas Rotwein die Seele baumeln lassen kann, dann ist für mich Weihnachten".

„Na ja das schon", meinte Lisbeth. Sie hob ihre Hände demonstrativ empor und jeder sah die vielen Ringe an ihren Fingern. „Schmuck, wertvoller Schmuck gehört schon auch dazu. Wenngleich mein Gatte das ganze Jahr über ein recht knausriger Schwabe ist, an Weihnachten wird er großzügig. Jedes Jahr bekomme ich etwas Glitzerndes. Einen Ring, eine Kette oder eine besonders ausgefallene Brosche." Sie klimperte mit ihren getuschten Wimpern und ließ träumerische Blicke über die Ringe an ihren gepflegten Hände huschen.

Nun konnte man ja nicht so einfach weiterschlendern, schließlich sollten auch die anderen Kollegen noch zu Wort kommen. Was lag also näher als die Tassen ein weiteres mal mit dem wärmenden Glühwein füllen zu lassen. Die Stimmung wurde ausgelassen.

Fridolin streichelte genüsslich seinen Bauch, der sich eindrucksvoll über den Hosengürtel wölbte. „Die Hauptsache an Weihnachten ist doch wohl ein ordentlicher Festtagsbraten", tat er kund und ließ die Zungenspitze über seine Oberlippe gleiten. Er lachte kurz auf und meinte in jovialem Ton: „Es ist ja wirklich kein Geheimnis, dass meine Schwiegermutter eine zänkische Xanthippe ist, aber eines muss man ihr lassen, ihr Gänsebraten ist unerreichbar. Auch in diesem Jahr hat sie uns eingeladen. Das gibt wieder ein einmaliges Essvergnügen, ja auf ihren Gänsebraten möchte ich an Weihnachten nicht verzichten."

„Seine Frau kann wohl nicht einmal Wasser kochen", flüsterte Klara ihrer Nachbarin Grete ins Ohr und stupste sie, ein Lachen nur mühsam unterdrückend, an der Schulter. Aber dies bemerkte Fridolin nicht, er schwelgte in Gedanken immer noch in dem Genuss des weihnachtlichen Gänsebratens.

Grete ließ einen selbstgefälligen Blick über ihre wohlgeformte Figur gleiten und heischte allzu auffällig nach den bewundernden Blicken der Kollegen. „Für mich ist das Wichtigste, dass der Weihnachtstag festlich ist. Jedes Jahr kaufe ich mir ein schönes Kleid, das mir dann mein Mann unter den Weihnachtsbaum legt. Ich bezahle natürlich im Geschäft mit Karte und die Kontoauszüge der Bank hefte ich sowieso immer selber ab. So merkt mein Bester gar nicht wieviel er berappen musste. Ein neues Kleid zu Weihnachten, das ist die Hauptsache."

Klara war bekannt für ihre spitzen Bemerkungen, aber nun wurde sie romantisch. „Ohne einen festlich geschmückten Baum, am liebsten Nordmanntanne, kann ich mir Weihnachten nicht vorstellen." Sie nahm einen kräftigen Schluck, hickste mehrmals und fing an lustvoll zu schwärmen: „Wenn die Flammen der Christbaumkerzen sich in den goldenen Glaskugeln spiegeln und ein trautes Weihnachtslied erklingt, dann wird mir warm ums Herz. Das ist doch wohl die Hauptsache an Weihnachten." Wenn sich Grete nicht täuschte wischte sich Klara in diesem Augenblick verstohlen eine kleine Träne von der Wange.

„Die Hauptsache an Weihnachten ist das Geschäft! Der Rubel muss rollen! Wir brauchen Wachstum, Umsatz und

Rendite, damit es uns weiterhin gut geht", tönte Heiner und der energische Ton seiner Rede ließ es ratsam erscheinen nicht zu widersprechen.

Der etwas pummelige Azubi Lothar gab zu bedenken, dass auch die vielen köstlichen Süßigkeiten nicht vergessen werden dürften. „Lebkuchen, Spitzbuben, Vanillehörnchen, Kokosplätzchen, Krokantkipferl und alle die anderen Leckerli, die sind für mich unentbehrlich an Weihnachten." Er vergaß auch nicht zu erwähnen, dass seine neue „Flamme" die Tochter eines Konditors sei. „Da werde ich ausreichend versorgt", gab er zufrieden bekannt. Seine runden Wangen verrieten, dass er nicht übertrieben hatte.

Mark, der sich die ganze Zeit still dem Genuss des heißen Getränks gewidmet hatte, war dafür bekannt, dass er ein begeisterter Disco-Besucher ist. Manchmal kam er direkt von einer Fete ins Büro. „Weihnachten ist endlich einmal eine Gelegenheit so richtig schön zu pennen."
Er unterdrückte nur mühsam ein langgezogenes Gähnen.

Sie waren alle sehr in ihre Unterhaltung vertieft. So bemerkten sie nicht, dass sie schon längere Zeit beobachtet wurden. Gabi, die meist scheu und schweigsam um sich blickte, war das Mädchen am ersten aufgefallen, das in kurzer Entfernung ihre Unterhaltung mithören konnte.
Aber nun stand die Jugendliche direkt neben ihnen. Sie war hochgeschlossen gekleidet und ihre schwarzen Haare, die seitlich aus dem großen Kopftuch herausfielen bewegten sich sanft in dem aufkommenden Windhauch, der immer wieder die Straßen durchzog. Sie schlug sittsam ihre

geheimnisvoll wirkenden Augen nieder, als sie erkannte, dass sie bemerkt worden war.

Nun wurde auch Mark auf die fremdländisch wirkende Person aufmerksam. Er versuchte sofort mit ihr zu flirten.
Als ihm das nicht so recht gelingen wollte versuchte er die junge Frau zu überrumpeln

„Was ist denn für dich die Hauptsache an Weihnachten" richtete er keck seine Frage an das Mädchen.

Sie blickte kurz auf, sah den Fragesteller erstaunt an und antwortete: „Wir Muslime feiern Weihnachten nicht."
Einige Herzschläge lang wurde es still. Die Verlegenheit der Gruppe war in ihren Gesichtern abzulesen.

Dann murmelte das Mädchen: „Ich dachte für euch Christen ist an Weihnachten die Geburt eines göttlichen Kindes die Hauptsache." Sie drehte sich rasch um, lief mit schnellen Schritten davon und verschwand in der Dunkelheit.

Ein sonderbarer Traum zur Weihnachtszeit

Die Verhandlungen waren außergewöhnlich zäh verlaufen. Dennoch Udomar lächelte zufrieden. Er war stolz auf sich und seinen etwas ausgefallenen Namen. Er kannte die Bedeutung seines Namens.
„Udomar - der berühmte Besitzer, der Erbe." Wenige Tage vor dem Weihnachtsfest war es ihm erneut gelungen, einen großen Auftrag gegen eine mächtige Konkurrenz an Land zu ziehen. Mit allen Mitteln hat er um die Obliegenheit gerungen. Freilich, das wusste er genau, seine Verhandlungstaktik war nicht frei von Unfairness.

Aber das hat er so gekonnt überspielt, dass dies seinen Rivalen nicht auffiel. Ohne Finten geht es eben nicht. Auf diesem Gebiet machte ihm so leicht keiner was vor. Ein höhnischen Zucken umspielte seine Lippen. Nun saß Udomar in seinem Auto, das mit all der Technik ausgestattet war, die ein Wagen der Luxusklasse zu bieten vermag.

Ein leichtes Schneetreiben setzte ein. Die Anstrengung der letzten Stunden machte sich jetzt bemerkbar. Ich werde eine Abkürzung nehmen sagte Udomar zu sich selbst, schließlich kannte er die Gegend genau.

„Wenn möglich bitte wenden" forderte das Navigationsgerät. Aber Udomar lachte nur.
Nach kurzer Zeit wuchs das Schneetreiben zu einem wilden Gestöber an. Der Weg war kurvenreich und Räumfahrzeuge waren auf dieser Strecke nicht unterwegs.

Ich werde bei nächster Gelegenheit anhalten und in einem Gasthof oder einem Hotel übernachten murmelte er vor sich hin. Das Risiko irgenwo im Gelände liegen zu bleiben wollte er nicht eingehen. Es war sehr spät geworden als Udomar die spärlich erleuchteten Häuser der kleinen Stadt durch die Dunkelheit erkennen konnte. Er kannte den Ort und wußte auch ein Gasthaus in dem er die Nacht verbringen konnte. Zwar schaute der Wirt etwas mißtrauisch, zeigte ihm aber doch ein Zimmer und verschwand ohne viele Worte.

Eine Dusche gab es nicht, nur ein kleines Waschbecken war in der Ecke installiert. Aber die eine Nacht musste es eben ohne Luxus gehen. Er löschte das Licht. Trotz seiner großen Müdigkeit fand er zunächst keinen Schlaf. Er hatte das ungewisse Gefühl, dass er nicht allein im Zimmer war.

Er verwarf seine Vermutung aber und döste ein.
Nun geschah etwas Sonderbares.

Udomar träumte, dass seine Hände immer größer wurden. Er tastete mit einer Hand zur andern und stellte mit Erschrecken fest, dass plötzlich große „Pratzen" an seinen Armen hingen.

Blankes Entsetzen überfiel ihn. Auch der Gedanke nicht allein zu sein war wieder da.
Er wagte es jedoch nicht, den Lichtschalter zu betätigen.

Voll Zweifel rieb er seine Augen und sah schemenhaft ein Kind vor seinem Bett stehen.

„Wovor fürchtest du dich?" hörte er das Kind fragen.

„Sieh meine Hände, sie wachsen und wachsen. Was soll ich tun?" war seine Antwort.

Das Kind lächelte wissend und schwieg.

„Ach wie sollte man für dieses Phänomen eine Lösung erwarten und dies von einem Kind" knurrte Udomar. Seine Selbstsicherheit war wie Schnee in der Sonne dahingeschmolzen. Schiere Angst überfiel ihn.

Das Kind trat näher an sein Bett heran und ergriff vorsichtig seine beiden Hände, die immer noch größer zu werden schienen.

Udomar stöhnte, kalter Schweiß trat auf seine Stirn und sein durchtrainierter Körper war wie gelähmt. Stoßweise ging sein Atem und seine Lunge rang nach Luft.

„Ruhig, ruhig, bleib ganz ruhig" hörte er das Kind sprechen. Die Stimme war warmherzig, weich und doch von einer großen Sicherheit.

Udomar stöhnte und immer heftiger werdend schrie er: „Was kann ich tun, was! was!
Sag es mir du Schlaumeier!" Das Kind schluckte seine Worte ohne beleidigt zu sein.

„Du hast deine Hände falsch gebraucht" antwortete das Kind ohne Vorwurf.

„Falsch gebraucht! Was meinst du damit?"

„Die Ursache deiner riesigen Hände liegt in dir selbst. In deiner Haltung, deiner Raffgier nach immer mehr. Dein Reichtum nährt sich aus Übervorteilung, aus der Armut und Not der Anderen", bekam er zur Antwort.

Udomar erwachte aus seinem Traum.

Er spürte dass ein warmer Blutstrom durch seine Hände rann. Er griff mit der rechten Hand zur Linken. Beide waren so groß wie früher. Sein Herz begann sich zu beruhigen. Der kindliche Gast war spurlos verschwunden.

Das Kind, wer immer es auch war, hat recht, gestand er sich ein. Meine Hände können nur nehmen. Sie sind unfähig zu geben, selbstlos zu schenken.

Meine Devise war **ich! -- ich! -- ich!**

Er fasste den festen Entschluss: Das wird sich von dieser Stunde an ändern.

Udomar fühlte sich glücklich wie nie zuvor.

Heiligabend anno 1950

Es war jedes Jahr nahezu das gleiche Ritual am „Heiligen Nachmittag". Aber dennoch jedesmal etwas anders. Immer kam Unvorhersehbares dazwischen. Ein Sturz von der Leiter, ein kleiner Unfall im Kuhstall, oder ein Wasserrohrbruch bei irgendeinem Bauern, der versäumt hatte die Leitung zum Außenbereich abzustellen. Dann musste mein Vater oder mein ältester Bruder diesen Schaden am selben Tag noch beheben.

Aber in diesem Jahr geschah etwas ganz banales. Kein Unfall, keine aufgefrorene Wasserleitung, im Grunde nichts Außergewöhnliches. Vater ging nach dem Mittagessen daran den Christbaum, den ein Bekannter, Waldarbeiter seines Zeichens, nach alter Tradition schon vor einigen Tagen, nicht ohne ein bescheidenes Trinkgeld erhalten zu haben, vorbeigebracht hatte.

Mein Vater war ein sehr ordnungsliebender Mann. War etwas nicht an seinem vorgesehenen Platz konnte er recht unangenehm zornig werden. Ja, wie das halt so geht, der Christbaumständer war nicht an der erwarteten Stelle. Schon war der nachmittägliche Weihnachtsfrieden in großer Gefahr.

Fieberhaft suchte die ganze Familie nach dem verschwundenen Utensil. Eine knappe Stunde verging, aber wir fanden nichts, obwohl wir an allen möglichen und unmöglichen Orten danach suchten. Vater murmelte unverständliche Worte, die, wenngleich wir sie nicht verstanden, recht bedrohlich klangen.

Dann atmete er einig Male tief durch und lief mit energischen Schritten zur Schmiede-Werkstatt, die genüber unseres Wohnhauses lag.

Aus einer Eisenplatte schnitt er mit dem Schweißbrenner eine quadratische Eisenplatte aus einer schweren Tafel heraus, entfernte an der Schleifmaschine den Grat, schweißte auf den Mittelpunkt der Platte ein 12 cm langes Zollrohr, nachdem er vorher in den besagten Rohrstutzen ein Loch für eine Schraubenbefestigung gebohrt hatte. Der neu geschaffene Christbaumständer war noch nicht ganz abgekühlt, als Vater mit eingesetztem Christbaum in das Wohnzimmer kam. Sein Zorn hatte sich wieder gelegt. Just in diesem Augenblick kam meine Schwester Hedwig freudestrahlend mit dem gesuchten Christbaumständer in der Hand in das Wohnzimmer gelaufen. Sie hatte ihn unter einem vom Heustock gerutschten Büschel gefunden. Nun gab es in unserem Haus zwei Christbaumständer. In den folgenden Jahren trat das geschilderte Problem nicht mehr auf.

Meine Schwestern gingen daran den Baum zu schmücken. Meine Brüder und ich waren für die Weihnachtskrippe zuständig.

In dieser Zeit gab es in unserem Dorf noch eine Molkerei. Dort wurden die Kessel mit Koks beheizt. Die Reste dieses Heizmaterials, die „Schlacken", hatten meist bizarre Formen, aus denen sich eindrucksvolle Gebirgslandschaften gestalten ließen. Schon Wochen vor Weihnachten haben wir mit der Schaffung der künstlichen Gebirge begonnen. Ein Wasserfall wurde in die Landschaft integriert. Eine

Holzkiste, mit alten Baumrinden ummantelt, bildete den Stall von Bethlehem. Unter das Hirtenfeuer legten wir eine kleine Glühbirne, die wir aus dem Rücklicht eines Fahrrades entnahmen. Im Winter wurde der Drahtesel ja nicht gebraucht. Schon Tage vorher haben wir im Wald, der sich zwischen Deiningen und Fessenheim ausbreitet, einige Quadratmeter schönes Moos geholt um damit die Weidegründe für die Schafe zu schaffen. Als Stromquelle für die Beleuchtung diente eine Taschenlampenbatterie. Einen Stromschalter hatten wir nicht. Unsere Buben-Finanzkraft reichte für die Anschaffung eines solchen nicht aus. Taschengeld für Kinder war während meiner Kindheitstage ein gänzlich unbekanntes Fremdwort.

Aber wir lösten dieses Problem geradezu genial. An zwei Büroklammern banden wir die abisolierten Kabelenden und drillten sie fest. Diese Klammern steckten wir dann an die Bügel der Taschenlampe. Der Stromkreis war geschlossen, die Krippe war beleuchtet, das Hirtenfeuer, um das sich die Figuren der Schafe und Hirten scharte, leuchtete rot unter dem farbigen Krepppapier. Zog man eine Büro-klammer von der Taschenlampe war der Stromkreis unterbrochen, das Hirtenfeuer somit erloschen.

Gegen 15.00 Uhr war das Meiste geschafft. Einige Geschenke für Vater und Mutter, meist selbstgebastelte Gegenstände, wurden noch verpackt. Die Geschwister untereinander tauschten bei der Bescherung keine Geschenke aus.
Meine älteren Schwestern, strickten oder häkelten Topflappen für die Mutter oder einen warmen Wollschal für Vater.

Nun war alles erledigt, die lange Zeit des Wartens bis zur Bescherung begann.

Vater liebte es in diesem Augenblick eine teure Zigarre anzuzünden, die er natürlich nicht selbst gekauft, sondern von irgend einem Lieferanten zum vorjährigen Weihnachtsfest erhalten hatte. Ab diesem Zeitpunkt waren für unseren Vater jeglicher Ärger, Sorgen und Kümmernisse wie Schuppen abgefallen. Er liebte den Heiligen Abend, die brennenden Kerzen, die funkelnden Wunderkerzen und die alten seligmachenden Lieder.

Wir wollen frühzeitig das Abendessen einnehmen, macht euch also fertig und zieht euch ordentlich an wies die Mutter uns an. Im Kuhstall wurde auf einem Melkschemel eine Blechwanne gestellt und diese mit warmen Wasser, das wir dem „Wasserschiff" des alten Kachelofens entnahmen, aufgefüllt.
Einer nach dem Anderen ging nun in den warmen Stall um sich für das große Ereignis ordentlich zu reinigen. Zuerst meine Schwestern, und gleich darauf meine Brüder und ich.

In dieser Zeit setzte unsere Mutter einen großen Kessel mit Wasser auf den Küchenherd, in dem sie ein kräftiges Feuer angezündet hatte. Wohnzimmer und Küche waren damals die einzigen Räume im Haus die beheizt waren. Die Schlafkammern waren oft eisig kalt. Manchmal lag der gefrorene Atem am Morgen auf unseren Bettdecken.

Das Abendessen an Heiligabend war einfach, aber unter uns Kindern immer ein großes Ereignis. Es gab, wie jedes Jahr,

Saitenwürstchen mit Senf und Semmeln. Das besondere war, dass jeder essen konnte, soviel er wollte und konnte. Ich erinnere mich daran, dass mein jüngerer Bruder Josef sieben Würste verschlang, allerdings genügte ihm zu dieser gewaltigen Menge eine einzige Semmel. Meine Geschwister und natürlich auch ich achteten mit Argusaugen darauf, dass Wurst- und Semmelverzehr in einem vernünftigen Verhältnis zueinander standen.

Meine Schwestern halfen hinterher freiwillig unserer Mutter beim Abspülen des Geschirrs. Natürlich erhofften Sie sich durch diese freiwillige Dienstleistung zusätzliche Pluspunkte beim Christkind. Dieses, so erzählte uns Vater mit geheimnisvoller Stimme, habe er soeben um unser Haus fliegen sehen.

Die letzte Stunde vor der Bescherung warteten wir in unseren Kammern. In einem kleinen Raum standen mehrere Betten. Der Gang dazwischen war so eng, dass wir nur hintereinander unsere mit einem Strohsack ausgestatteten Schlafstellen erreichen konnten. Aber an Schlafen war natürlich heute nicht zu denken. Wir hörten die Schritte unserer Eltern, die aus ihrem Schlafzimmer diverse Sachen in die Wohnstube trugen. Manchmal wagten wir einen kurzen Blick durch die etwas geöffnete Kammertür, um zu erkunden, ob das gewünschte Geschenk dabei sein könnte.

Endlich war es soweit. Mutter ließ ein kleines Glöckchen erklingen und rief mit lauter Stimme „das Christkind war da!"

Wie von Furien gehetzt stürmten wir in die Wohnstube. Dabei kam es schon einmal vor, dass die jüngeren Geschwister zu Boden gingen. Aber für Tränen war an solch einem Tag natürlich keine Zeit. Die Kerzen auf dem Christbaum brannten und mehrere Wunderkerzen sprühten ihre Funken aus. Der Größe nach stellten wir uns im Halbkreis um den Baum. In der letzten Reihe standen Vater und Mutter. Aber die Enthüllung der Geschenke musste noch warten. Mutter hatte die Geschenke nie einzeln verpackt, sondern lediglich ein weißes Bettuch darüber ausgebreitet.

Gemeinsam wurde nun der Angelus, „der Engel des Herrn" gebetet. Nie in meinem Leben ist mir dieses Gebet so unendlich lang erschienen wie an diesem Tag. Vater achtete streng darauf, dass wir es an der nötigen Andacht nicht fehlen ließen. Meine Mutter ist vor ihrer Hochzeit evangelisch gewesen und später katholisch geworden. Dies war in den Augen ihrer Verwandtschaft ein schlimmer Frevel. Aber auch die Vettern und Basen unseres Vaters waren, was die Ökumene betraf, äußerst kompromisslos. Mutter war sehr bemüht, dass wir besonders christlich erzogen wurden, um der argwöhnischen Verwandtschaft keine Angriffsflächen zu irgendwelcher Kritik zu bieten.

Nachdem das Gebet geendet hatte, waren die Wunderkerzen längst abgebrannt. Vater entzündete ein halbes Dutzend neue Funkensprüher.

Nun wurde das Weihnachtslied „Stille Nacht, heilige Nacht" gesungen. Meine Eltern konnten beide sehr schön singen, aber auch einige meiner Geschwister hatten dieses Talent mit in die Wiege gelegt bekommen. Die tiefe honorige Bass-Stimme meines Vater prägte sich in solchen Augenblicken tief in mein Bubengemüt. Aber nicht nur seine Stimme, sondern auch seine spürbare selige Stimmung bewunderte ich in diesen Augenblicken. Er war doch sonst ein strenger, resoluter Patriarch, der die Familienzügel fest in Händen hielt.

Nun wurde das Leinentuch weggezogen und die Geschenke waren enthüllt.
Ein Elektrobaukasten für mich war dabei. Meine Schwestern erhielten allesamt Geschenke für ihre Aussteuer.
Handtücher, Schürzen, Besteckteile und dergleichen.
Freilich hielt sich die Freude über solche weit in die Zukunft hineinragende Hausstand-Utensilien in Grenzen. Aber dennoch zeigten sie sich hocherfreut. Aber es gab auch noch für jeden von uns einen Plätzchenteller mit Lebbkuchen, Kokosplätzchen, Vanillekipferl und Buttergebäck. Einen Apfel vom eigenen Garten und zwei Mandarinen. Wir machten uns sofort darüber her, um unseren Teller leer zu bekommen, da die Gefahr, dass eines unserer Geschwister etwas von unserem Teller zu stibitzen versuchte, nicht unterschätzt werden durfte.

Ab 11 Uhr legte sich eine allgemeine Müdigkeit über alle Familienmitglieder. Um etwas zu schlafen war die Zeit zu kurz, denn um Mitternacht stand die Christmette auf dem Programm. Meine Brüder und ich waren alle Ministranten und meine Schwestern hatten eine Rolle beim Krippenspiel übernommen oder mussten im Chor mitsingen. Irgendwann wurden wir alle vom Schlaf übermannt und dösten ein. Die Kirchenglocken weckten uns aus unserem Schlummer.

Hastig zogen wir unsere Jacken und Schuhe an und rannten durch den tiefen Schnee bei frostigen Temperaturen zur Kirche.

Dort sangen nach dem traditionellen Krippenspiel mit Herbergssuche zwei Ministranten das Weihnachtsevangelium. In jenen Tagen erging von Kaiser Augustus der Befehl ... usw.
Auf dem Heimweg waren wir wieder alle hellwach, mussten aber denoch sofort ins Bett, denn der Festgottesdienst am Weihnachtsfeiertag durfte unter keinen Umständen versäumt werden.

Zwischen Weihnachten und Neujahr kamen die Nachbarn zur „Einkehr".
Die Frauen meist mit etwas Strickzeug und ein paar „Versucherle" (Plätzchen). Während die Männer von früherer Zeit, von der Arbeit, nicht selten auch von Kriegserlebnissen und dergleichen erzählten, berichteten sich die Frauen gegenseitig die allerneusten Ereignisse die sich im Dorf zugetragen hatten. Besonders, welche junge Frau vom Klapperstorch in die Waden gezwickt worden sei.

Wir Kinder erprobten auf dem Boden sitzend mit dem Nachwuchs der Nachbarn unsere neuen Spielsachen. Dabei verhielten wir uns möglichst leise, um nicht frühzeitig in die Schlafkammer abkommandiert zu werden.

Zu vorgerückter Stunde fingen die Erwachsenen an altbekannte Weihnachtslieder zu singen.

Bei der Verabschiedung bestätigten meine Eltern und die Gäste sich dann gegenseitig, was für eine einmalig schöne Zeit das Weihnachtsfest sei und vergaßen auch nicht zu einem Gegenbesuch einzuladen.

Vom Herzog, der über sein Volk herzog

In der Zeit als noch Könige, Herzöge und Fürsten über das Volk herrschten kam es zu dieser Begegnung: Ein Herzog der schon das eine oder das andere Mal über die Ansprüche bestimmter Menschen herzog ritt durch sein Land. Dabei kam er an einer Bäckerei vorbei. Er roch den Duft frischen Brotes, bekam Hunger, stieg vom Pferd und betrat den Laden. Ein Kunde war dabei fünf Brote zu kaufen.
Dabei wurde der Herzog Zeuge des folgenden Gesprächs.

Der Bäcker, der den Kunden offenbar schon lange kannte, wunderte sich warum der Mann täglich fünf Brote kaufte. Deshalb stellte er die Frage: „Sag mal mein lieber Freund, wozu brauchst du täglich soviel Brot." Der so Angesprochene antwortete lächelnd: „Ein Brot kaufe ich für mich, um es zu essen, zwei Brote gebe ich zurück, und die beiden übrigen Brote leihe ich aus". Der Bäcker der mit dieser Antwort nichts anzufangen wusste fragte zurück: „Verzeih mein Lieber aber ich verstehe nicht, erkläre mir bitte deiner Rede Sinn".

Der Kunde antwortete gütig und sprach:

„Das Brot, das ich für mich kaufe, verspeise ich selber, wie ich ja schon gesagt habe. Die zwei Brote, die ich zurückgebe, gebe ich meinen Eltern. Ich schulde es ihnen, weil sie mich im Kindesalter ernährt haben. Die beiden Brote aber, die ich ausleihe, gebe ich meinen Kindern mit der Bitte, sie mir zurückzugeben, wenn ich alt bin und mein Brot nicht mehr selber verdienen kann."

Der Herzog hatte das Gespräch der beiden natürlich mit angehört. Er wurde nachdenklich und fragte sich: Wie viel Brote beanspruche ich für mich? Ich habe nur wenig ausgeliehen und bekomme weit mehr zurück als ich essen kann. Er schämte sich und beschloss künftig nicht mehr über das Volk herzuziehen.

(Frei nach einer arabischen Weisheit, Reaktion auf eine Rede des ehemaligen Bundespräsidenten Roman Herzog)

Die schlagfertige Großmutter

Meine Großmutter war eine rechtschaffene gute Frau. Ihr Leben war alles andere als leicht. Großvater war schon im Alter von 39 Jahren verstorben. Die Schmiede musste für einige Jahre geschlossen werden. Aber sie schlug sich recht und schlecht durch das Leben.

In der damaligen Zeit kamen oft fahrende Händler in das Dorf. Sie handelten mit Stoffen, Töpfen, Nähutensilien und dergleichen.

Ein solcher Hausierer betrat die Stube, pries seine Ware an und redete sprudelnd wie ein Wasserfall.

„Ach gute Frau" so seufzte er nach einer Weile tief, „wenn ich dein Geld hätte und du meinen Verstand dann..."

Noch ehe er weiter reden konnte antwortete meine Großmutter trocken: „Dann hätten wir beide nichts."

Der sündige Pfarrer

In jeder kleinen Pfarrei wirkte noch vor einem halben Jahrhundert ein Pfarrer. War die Gemeinde konfessionell geteilt, waren es sogar zwei Geistliche Herren, die sich um das Seelenheil ihrer anvertrauten Gemeinde mühten. Meist lebten sie einträchtig nebeneinander und waren tolerant genug, die theologische Auffassung des Kollegen zu respektieren. Manchmal gab es aber auch wahre „Glaubenskriege" und sie ließen gegenseitig kein gutes Haar an der anderen Konfession. Aber das ist ja in unserer Zeit Dank der ökumenischen Bestrebungen nur noch ganz, ganz selten der Fall.

Zentralheizungen und ähnliche moderne Einrichtungen, die das Leben komfortabler, aber eben auch teurer machten, gab es seinerzeit noch nicht. Oft war es so, dass die Gemeinden für den Pfarrherrn Brennholz zur Verfügung stellten. Freilich nicht ofenfertig, aber immerhin bereits auf die nötige Länge gesägt. War der Pfarrer noch rüstig griff er selbst zur Axt, um die gesägten „Roller" zu spalten. Mit dieser schweißtreibenden Arbeit war der Seelenhirte in Deiningen an einem warmen Sommernachmittag beschäftigt.

Meine Mutter, damals noch ein Schulmädchen der unteren Klassen hatte in einem unbeaufsichtigten Augenblick das elterliche Anwesen verlassen und schlenderte durch das Dorf. Ich will noch vorausschicken, dass sie schon damals sehr bibelkundig war. Noch im Alter von 85 Jahren konnte sie alle biblischen Propheten in Gedichtform aufsagen. Ganz offensichtlich war während ihrer Kindheit der

Religionsunterricht eine wichtige Säule der schulischen Ausbildung.

Auf ihrem Erkundungsgang durch die Kieswege der Ortschaft kam sie auch am Pfarrgarten vorbei, in dem der Geistliche Brennholz spaltete. Eine ganze Weile schaute sie dem Herrn bei der Arbeit zu. Zaghaft und fast unbemerkt trat sie immer näher an den fleißigen Pfarrer heran, bis sie endlich vor ihm stand.

Aber der hemdsärmelig hart arbeitende Gottesmann beachtete das Mädchen nicht.
Längere Zeit stand es da, ohne ein Wort zu sagen, hüpfte mal vom linken auf den rechten, dann vom rechten auf den linken Fuß und überraschte den Herrn Pfarrer ganz plötzlich mit einem heftigen Vorwurf:

„Aber Herr Pfarrer sie sind ja ein Sünder".

Der Angesprochene hielt augenblicklich mit seiner Arbeit inne und wollte die Kleine energisch zurechtweisen. Dann aber besann er sich der christlichen Tugend der Nachsicht und Liebe, besonders gegenüber Kindern. So fragte er gütig lächelnd zurück:

„Aber Friedel wie kommst du denn auf so etwas, warum sagst du ich sei ein Sünder?"

Die Antwort kam wie aus der Pistole geschossen:

„Herr Pfarrer, in der Bibel steht doch, was Gott verbunden hat soll der Mensch nicht spalten."

Zwei dumme Gänse

In den 1950er Jahren war es nicht ungewöhnlich, dass man die Strecke von Deiningen nach Nördlingen zu Fuß zurücklegen musste. Zwar gab es eine Zugverbindung, die morgens die Arbeiter in die Kreisstadt oder nach Wemding brachte und abends die Rückfahrt ermöglichte. Nur alle 6 Stunden bestand die Möglicheit ins Städtchen zu kommen. Die Dampflok im Volksmund allgemein mit dem Namen „Wende-Hans" bezeichnet, verkehrte nur zwischen Nördlingen und Wemding. (Daher auch der Name Wemding-Hans) Auf der Strecke gab es die Haltestationen Löpsingen, Deiningen, Fessenheim und Muttenau. Deiningen hatte einen etwas größeren Bahnhof, mit Stellwerk, Rangiergeleise und sogar einem Bahnbeamten, der die Weichen stellte, Billetkontrolle vornahm und die Fahrausweise lochte. Als ein Passagier einmal seine Fahrkarte nur vorzeigen wollte herrschte ihn der Bahnbeamte an: „Ohne Loch kann ich keinen fahren lassen!"

Aber nun zu den dummen Gänsen. Meine Mutter und eine meiner Schwestern waren zu Fuß von Nördlingen nach Deiningen unterwegs, weil sie den Zug verpasst hatten. Das war weiter kein Unglück, denn es galt der landläufige Spruch: wenn du eine gute Stunde erleben willst musst du nur von Nördlingen nach Deiningen laufen, was so viel bedeutete, dass eine Stunde Gehzeit gerechnet werden musste. Sie machten sich also mit ihren Einkäufen auf den Weg. Auf halber Strecke wurden sie von einem Autofahrer überholt, der kurz abbremste, offenbar hatte er die Absicht die beiden Frauen mitzunehmen. Da diese aber nicht die geringsten Anstalten machten per Anhalter den Rest der Wegstrecke zu absolvieren, gab er Gas und fuhr weiter.

Dieser Autofahrer aber war ein Außendienstmitarbeiter des Fahrradherstellers Epple aus Memmingen. Er war unterwegs zu meinem Vater, um ihm die neuesten Drahtesel-Modelle vorzustellen und den aktuellen Katalog samt Preisliste zu überbringen. Natürlich hoffte er auch auf Aufträge. Nachdem er etwa eine halbe Stunde mit meinem Vater verhandelt hatte, sah er vom Bürofenster aus die beiden Frauen beladen mit Einkäufen vorübergehen und bemerkte spöttisch:

„Da gehen die beiden dummen Gänse, hätten sie mir ein Zeichen gegeben ich hätte sie mitgenommen."

Mein Vater schaute ebenfalls auf die Straße und informierte den Vertreter wie folgt:

„Bei den beiden Gänsen handelt es sich zufällig um meine Frau und meine Tochter."

Der Vertreter wäre am liebsten auf der Stelle im Erdboden verschwunden und rang verlegen und errötend nach Worten der Entschuldigung. Dann lachte mein Vater schallend auf und die Harmonie war wieder hergestellt. Bei seinem nächsten Besuch überbrachte der Fahrradverkäufer für meine Mutter und meine Schwester ein Schachtel Pralinen mit. Die Geschichte mit den dummen Gänsen sorgte bei jedem Besuch immer wieder für große Heiterkeit.

Der angepasste Gruß

Der Pfarrer gehört auf dem Dorf zu den angesehensten Persönlichkeiten. Dies galt früher noch weitaus mehr als heute. Damals war die ganze Ortschaft noch Spielplatz für uns Kinder. Der Verkehr auf den Straßen war für jung und alt leicht überschaubar. Ich kann mich noch gut erinnern: Wenn wir auf der Straße herumtollten, und begegneten dem Pfarrer grüßten wir ihn mit den Worten „gelobt sei Jesus Christus" und der so Angesprochene antwortete: „in Ewigkeit amen." Die Mädchen machten manchmal sogar einen Knicks und die Buben einen Diener.
Nun war es damals ein fester Brauch, dass man auch den Geistlichen anlässlich einer Familienfeier, oder des Schlachtfestes an den leiblichen Genüssen teilhaben ließ. Am Erstkommuniontag konnte der Seelenhirte natürlich nicht bei allen Familien zur Kaffeestunde erscheinen. Auch unsere Familie konnte in diesem Jahr nicht mit seinem Besuch rechnen. Die Kinderzahl im Dorf war groß, und so war es natürlich klar dass er nicht überall sein konnte. Zudem war er ja im vorigen Jahr in unserer Familie zu Gast. In diesem Jahr wurde Josef am Vortag des Weißen Sonntags, er war Erstkommunikant, beauftragt, Kuchen und Küchle ins Pfarrhaus zu tragen.

Mutter schärfte ihm ein an der Pforte zu klingeln und wenn der Pfarrer herauskomme artig zu grüßen und zwar mit der bekannten Formel: „gelobt sei Jesus Christus." Josef war stolz darauf, diesen Auftrag ausführen zu dürfen.

Als er nach einer viertel Stunde zurückkam erkundigte sich meine Mutter, ob er alles auftragsgemäß ausgeführt habe.

„Ich habe geklingelt, aber der Pfarrer ist nicht gekommen."
„Was hast du dann gemacht" fragte meine Mutter.
„Dreimal habe ich ganz lange geläutet, dann endlich öffnete die Pfarrköchin die schwere Holztüre" gab Josef zur Antwort.
„Und was hast du gesagt" wollte Mutter wissen.

„Gegrüßet seist du Maria" antwortete mein Bruder mit stolz geschwellter Brust.

Das dünkelhafte Blaublut

Bis zum Ende des 1. Weltkrieges waren es die Fürstenhäuser, die die politischen Fäden in der Hand hielten. Während der sogenannten „Goldenen Zwanziger" kam es zwar zu heftigen Auseinandersetzungen um die Behandlung des Vermögens in den Händen des Adels. Es kam zu Gerichtsverfahren, um die Fürstenhäuser zu enteignen. Die Gerichte waren aber immer noch monarchistisch geprägt und so fielen auch deren Urteile entsprechend aus.
Meine Mutter erwähnte oft die Aussage einer Gräfin: „der Mensch beginnt beim Adel, alles andere ist Dreck." Es ist nicht meine Absicht den Adel zu verunglimpfen, ich will aber aufzeigen, dass nicht alle Adligen Edle waren.

Noch im hohen Alter von 85 Jahren erzählte meine Mutter eine Begebenheit die sie hautnah erlebte und sehr kränkte.

Das Jagdrecht lag damals noch größtenteil in den Händen der Fürsten und Grafen. Das war im Ries nicht anders als in anderen Regionen. In den Herbsttagen wurden Treibjagden abgehalten. Die Bevölkerung konnte dabei mithelfen in großangelegten Zangenbewegungen das Wild zusammenzutreiben. Es gab noch viel Niederwild, besonders Hasen, aber auch Rebhühner und Fasane. Versuchten die Tiere durch den enger werdenden Gürtel zu entfliehen standen dort die Fürsten, Grafen und deren Jagdgenossen um die Verängstigten zu erlegen.
Wenn das ganze Spektakel zu Ende war, bekamen die Treiber und Helfer einen kleinen Imbiss und die Herren gingen in die Wirtschaft um sich zu stärken und ihrer Heldentaten zu rühmen.

Meine Großeltern betrieben in diesen Tagen die Platzwirtschaft in Deiningen. Ihre Tochter Friedel, meine spätere Mutter, musste in der Wirtschaft mithelfen und bediente die Jäger. Hatten die Herren dem Alkohol schon etwas über Gebühr zugesprochen waren ihre Witze und Zoten ordinärer als alles was sie im Wirtshausleben sonst erlebt hatte.

Besonders beleidigend hat sie bis zu ihren letzten Lebenstagen aber die Aussagen eines Fürsten empfunden. Besagter Herr hatte eine Zigarre bestellt.

Nun, in Dorfwirtschaften gab es damals keine Zigarren, sondern einfache „Stumpen", „weiße Eule", „Villinger Stumpen", oder ähnliche Marken, die sich manche Bauern am Sonntag nach harter Wochenarbeit gönnten. 10er-, 20er-, oder 30er-Stumpen, die Bezeichnung deshalb, weil sie eben nur 10, 20 oder 30 Pfennige kosteten.

Der Blaublütige nahm die „Zigarre" entgegen, ließ sich noch Feuer geben, zog einigemale an dem Tabakprodukt hüstelte gekünstelt und bemerkte:

„Was brachten sie mir für eine stinkige, hundsmiserable Zigarre? Mit diesem plebejischen Kraut können sie Ihresgleichen verstänkern."

Oft hat mir meine Mutter von dieser Kränkung erzählt, sie hat seine Worte bis zu ihrem Lebensende nicht vergessen.

In mir wuchs die Erkenntnis:

Adel wächst aus Gemüt, nicht aus Geblüt!

Das Fräulein vom Amt

Frühe Telefone, hatten keine Wählscheibe, sondern einen Kurbelinduktor. Verbindungen konnten nur über eine Postzentrale hergestellt werden. Man musste eine am Telefon angebrachte Kurbel drehen, um sich beim „Fräulein vom Amt" bemerkbar zu machen. Dann leuchtete auf deren Steckpult eine kleine Lampe auf.

Das „Fräulein vom Amt" hatte die Aufgabe, die Verbindung eines Teilnehmers zu einem anderen Teilnehmer herzustellen. Für jeden Teilnehmer gab es eine eigene Anschlussbuchse auf dem Klappenschrank. Die Telefonistin musste nun ein Kabel in eine bestimmte Buchse stecken um ein Telefongespräch zu ermöglichen.

Frauen waren für diese Aufgabe besonders geeignet, da ihre hellere Stimme besser zu verstehen war. Gute Schulbildung, beste Umgangsformen und, wenn möglich, Fremdsprachenkenntnisse waren für diesen Beruf erforderlich. Die Damen mussten flexibel, redegewandt und belastbar sein. Sie verdienten meist soviel wie eine Sekretärin. Ihr Gehalt reichte aus, um den eigenen Lebensunterhalt zu ermöglichen.

Eine Freundin meiner Schwester arbeitete in diesen Jahren als „Fräulein vom Amt" in der Fermeldezentrale der Deutschen Post in München. Sie hat ihr folgendes Erlebnis erzählt.

In dieser Zeit war der Niederösterreicher Otto Wilhelm Fischer ein berühmter Schauspieler.

Er wirkte in zahlreichen Filmen und auf Theaterbühnen mit.
Die Menschen kannten ihn landauf landab nur als
O. W. Fischer.

Besagter Herr wollte eine dringende Verbindung zu einem Gesprächspartner.

Durch das Fenster der Vermittlungsstelle fiel just in diesem Moment ein Sonnenstrahl auf das Steckpult und das Lämpchen, das seine Verbindungsanforderung signalisierte. So erkannte die Freundin meiner Schwester, die aufleuchtende Signallampe und somit den eingehenden Vermittlungsauftrag reichlich verzögert.

Als sie endlich darauf aufmerksam wurde und den Teilnehmerwunsch entgegennahm, raunzte dieser sie barsch an, schließich war er ein berühmter, vielbeschäftige Mime.

„Wissen sie eigentlich wer ich bin" rief er mit lauter respektheischender Stimme in den Telefonhörer. „Ich bin der berühmte Schauspieler O.W. Fischer!"

Das Fräulein vom Amt konterte unverzüglich: „Oweh Herr Fischer, es tur mir leid, aber die Sonne hat gerade auf ihre Birne gescheint".

Dem Schauspieler verschlug es die Sprache.
Die gewünschte Verbindung wurde hergestellt.
Seine Arroganz hatte einen verdienten Denkzettel erhalten.

Noch heute erfüllt meine Schwester große Heiterkeit, wenn sie sich an die Erzählung ihrer Freundin erinnert.

Das alternative Horn

Mein Vater war ein Mann mit festen Grundsätzen, an denen zu rütteln war meist aussichtslos. So vertrat er die Ansicht, dass ein junger Mensch nach Abschluss einer erfolgreichen Lehre und nach einer angemessenen Zeit die Firma seines Lehrherrn verlassen sollte, um in einem anderen Unternehmen weitere Erfahrungen und Kenntnisse zu erlangen.

Mein Bruder Hans hatte ein Lehre zum Großhandelskaufmann bei der renommierten Firma Eisen-Fischer in Nördlingen durchlaufen. Nachdem Vater auch Geschäftsbeziehungen zu der in der selben Branche agierenden Firma Silberhorn in Augsburg pflegte, lag die Überlegung nahe, dass mein Bruder dort seine beruflichen Erfahrungen vertiefen und ausbauen könnte.

Er bewarb sich umgehend und schon nach wenigen Tagen hatte er ein Vorstellungsgespräch, das erfolgreich verlief. Damals befand sich die gesamte Wirtschaft in Deutschland in einer aufstrebenden Phase. Als Arbeitsbeginn wurde zwischen meinem Bruder Hans und seinem neuen Arbeitgeber der 1. Juli vereinbart.

Wir schreiben das Jahr 1959 und mein Vater trug sich schon lange mit dem Gedanken, für seinen Ruhestand ein eigenes Haus zu bauen. Dieser Plan wurde auch bald in die Tat umgesetzt. Nun war es damals üblich, dass die ganze Familie bei solchen Vorhaben als Arbeitskräfte mithelfen musste.

Hans stand nun vor der Entscheidung beim „Häuslebau" zu helfen oder seine neue Stelle anzutreten. Meine Eltern vertraten beide die Auffassung, dass die Mithilfe oberste Priorität habe und somit der Dienstantritt bei der Firma Silberhorn um drei Monate verschoben werden müsste.

Mein Bruder Hans hatte große Bedenken und fürchtete sich, die Entscheidung seiner Eltern seinem neuen Arbeitgeber mitzuteilen. Meine Mutter teilte solche Bedenken nicht, griff kurzentschlossen zum Telefon und ließ sich mit dem Inhaber der Firma, Franz Silberhorn, verbinden. Mit wenigen Worten setzte sie diesem auseinander, dass ihr Sohn Hans erst einige Monate später seine Stelle bei ihm antreten könne.

Doch Herr Silberhorn zeigte wenig Verständnis für ihr Anliegen. Auch nach längerem hin und her hatten sie keine Einigung erzielen können.

Dann setzte meine Mutter zum entscheidenden Satz an.

Sie sagte:
„Wenn das bei ihnen nicht geht muss Hans eben in ein anderes Horn blasen, es muss ja nicht unbedingt ein Silberhorn sein."

Dieses Argument machte ihren Gesprächspartner einige Atemzüge lang sprachlos. Nach dem er seine Fassung wiedererlangt hatte stammelte er nur:

„Das hat mir noch nie jemand gesagt, ich muss sie sofort kennenlernen."

Er setzte sich sogleich in sein Auto und nach einer guten Stunde traf er in unserem Haus in Deiningen ein.

Nun kam bei einem freundlichen Gespräch und mehreren Gläsern Most eine Einigung zustande.

Mein Bruder Hans war beim Hausbau als Arbeitskraft dabei und die Firma Silberhorn musste auf seine Dienste bis Oktober verzichten.

Die Beichte

Noch vor wenigen Jahrzehnten gehörte es zur zwingenden Pflicht eines jeden Katholiken mindestens einmal im Jahr zur Beichte zu gehen.
Viele erfüllten diese Pflicht jedoch nicht in der eigenen Pfarrei. Die Befürchtung der Ortspfarrer könnte den Bußfertigen erkennen und sich eine unerwünschte Meinung von ihm bilden mag mit einer der Gründe für dieses Verhalten gewesen sein.

An Beichttagen waren meistens viele Leute in den Kirchenbänken zu sehen. Manchmal kam auch eine Aushilfe, um den Andrang der Bußfertigen zu bewältigen.

Oft wusste der Eine oder Andere von den Verfehlungen seiner Dorfgenossen. Da fiel es natürlich auch auf, wenn ein reuiger Sünder fünf oder gar zehn Minuten länger im Beichtstuhl kniete als der „Durchschnittssünder".

Besonders beliebt war es, die Beichte im Kapuzinerkloster in Wemding abzulegen. War es doch im ganzen Dorf bekannt, dass der Beichtvater, ein in die Jahre gekommener Kapuzinerpater, schwerhörig war. Diese Tatsache wurde weidlich ausgenutzt. Hier brauchte der Beichtende nicht so deutlich zu sprechen und sein Sündenregister nur schwer verständlich zu murmeln. Es versteht sich natürlich von selbst, dass solch ein listenreich erschlichenes Bußsakrament, im Grunde sinnlos, wenn nicht sogar frevelhaft war.

Es war keine Seltenheit, dass der Pfarrer, besonders bei jungen Leuten, nachfragte, wenn ihm das Schuldbekenntnis geschönt erschien. Keine Verfehlungen beim sechsten Gebot waren seiner Meinung nach doch eher unwahrscheinlich.

Ein junger Mann aus einer Riesgemeinde gedachte seine Beichtpflicht mit einem Ausflug zur Wallfahrtskirche und Klosters auf dem Schönenberg bei Ellwangen zu verbinden.

Träger der Klostergründung im frühen 8. Jahrhundert waren Angehörige der adligen Oberschicht. Vielleicht erhofften sich die Adeligen dadurch einen gewissen Bonus in der Ewigkeit. Aber dies zu erörtern soll nicht das Thema meiner Erzählung sein.

Die Mönche des Klosters Ellwangen lebten nach der Regel des Ordensgründers Benedikt in asketischer Entsagung von der Welt, Armut, Gottesfurcht und Demut gegenüber Gott und allen Menschen.

Nun aber zurück zu dem jungen Mann aus dem Meteoritenkrater Ries.

Er erforschte sein Gewissen in der schönen Kirche und war aufrichtig bereit seine Verfehlungen, sie waren freilich allesamt nur allzu menschlich, zu bekennen.

Als er im Beichtstuhl kniete und alles offen bekannt hatte was ihm sein Gewissen abverlangte, hielt er mit seinen Bekenntnissen einige Atemzüge lang inne.

Der Beichtvater nutze die Gelegenheit um nachzufragen, ob er denn verheiratet sei.

„Ja" war die aufrichtige Antwort.

„Und haben sie auch Kinder" setzte der Pater seine Befragung fort.

„Ja" entgegnete der junge Rieser wieder sehr einsilbig.

„Und wieviele sind es denn?" bohrte der Geistliche weiter.

„Eines" gestand der Bußfertige.

„Das ist zu wenig" monierte sein Gegenüber.

Nun reagierte der junge Mann aus dem Ries empört und herrschte den Fragenden an: „das muss doch wohl reichen, ich bin ja erst ein halbes Jahr verheiratet."

Diese energische Rechtfertigung stellte den strengen Pater zufrieden und er erteilte umgehend die Lossprechung mit den Worten: „ego te absolvo a peccatis tuis in nomine Patris, et Filii, + et Spiritus Sancti".

„Amen" entgegnete der junge Vater und zog nach Verrichtung der auferlegten Buße in die nächste Wirtschaft um sich zu stärken.

Die fröhlichen Gänse

Es war gänzlich undenkbar, dass man in den Nachkriegsjahren Obst verkommen ließ. Selbst das Fallobst wurde aufgelesen, von etwaigen fauligen oder von Wespen angenagten Stellen befreit und zu Gelee oder Apfelmuss verarbeitet. Wir Buben freuten uns jedes Jahr auf die wohlschmeckenden „Jakobiäpfel", die zumeist zur Zeit der Oettinger Jakobi-Kirchweih zum Verzehr heranreiften. Besagte Früchte gab es zuhauf in einem Garten, der etwas außerhalb des Dorfes lag. Wir beruhigten unser Gewissen und deklarierten den Diebstahl der Äpfel einfach als Mundraub.

Um die vielen Äpfel, die in den späten Sommermonaten geerntet werden konnten, nicht verkommen zu lassen, wurden diese zu Most verarbeitet. In Nördlingen gab es eine solche Mosterei. Zahllose Fahrzeuge vollbeladen mit Äpfeln und Birnen belagerten den Betrieb, um aus den mitgebrachten Früchten Saft pressen zu lassen.

Auch mein Vater war stolz auf seinen Most, den er jedes Jahr pressen ließ. Mehrere Fässer lagerten im Gewölbekeller unseres Hauses. Manch einer hat damals den Gehalt dieses Getränkes unterschätzt. So musste ein Außendienstmitarbeiter einer Bäumenheimer Firma einmal im Wald zwischen Deiningen und Fessenheim eine Rast einlegen um seinen Rausch auszuschlafen, hatte er doch dem süffigen Getränk etwas unbedacht zugesprochen.

Bevor die Mostfässer neu mit Saft gefüllt werden konnten mussten sie gereinigt und vom Küfner auf etwaige Schäden untersucht werden.

Mehrere leere Mostfässer wurden dazu vom Keller nach oben gehievt. Mitten in unserem Hof befand sich ein Wassereinlauf, in den das Regenwasser lief und über Röhren und einen offenen Graben in die Eger geleitet wurde. Es war ein heißer Nachmittag. Mit einem Wasserschlauch füllten wir die Behälter, um die letzten Reste des Mostes herauszuspülen. Dieser Vorgang wurde mehrmals wiederholt. Die Flüssigkeit ließ man in den besagten Einlauf fließen.

Viele Haushalte hielten damals noch eine Schar Gänse. Zum einen konnten die Tiere gerupft und die Federn für Betten verwendet werden. Darüber hinaus konnte das Federvieh besonders um den Martinstag und an Weihnachten das ansonsten meist karge Festtagsgericht verbessern. Oder die bratfertig gemachten Gänse wurden an Stadtleute und Bekannte verkauft.

Unsere Gänse entdeckten bald das kühlende Nass, das sich aus den Fässern ergoss. Sie waren offenbar sehr durstig. Sie „lächelten" (lechzten) mit aufgesperrtem Schnabel und schlürften alsbald gierig das köstliche mit Restmost vermengte Wasser. Solch edle Getränke bekamen sie nur selten zu kosten. Normalerweise mussten sie ihren Durst mit „Gänsewein" (Wasser) stillen.

Schon nach wenigen Minuten zeigte das Federvieh ein artfremdes Verhalten. Sie streckten ihre Flügel aus und bemühten sich so das Gleichgewicht zu halten. Manchmal kippten sie nach vorn und versuchten mit dem Schnabel einen Sturz zu verhindern. Sie vergaßen alle das sonst unausweichliche Geschnatter. Stattdessen säuselten sie selig eine noch nie gehörte Melodie. Dennoch ließen sie nicht davon ab die Gelegenheit bis zum Ende auszukosten. Sie tranken weiter das Gemenge wohl weit über ihren Durst hinaus. Am Ende mussten wir die Gänse, die mit ausgestreckten Flügeln und verklärten Augen dalagen, einzeln in den Gänsestall tragen.

Dort schliefen sie bis lange in den nächsten Vormittag hinein, ohne ein einziges Mal zu schnattern. Da nicht nur die Gänseriche, sondern auch ihre weiblichen Artgenossen die Wirkung des Alkohols im Most unterschätzt hatten, gab es auch keinen Streit, als sie beim Erwachen in die strahlende Morgensonne blinzelten.

Paradiese überall

Es war ein schöner Herbstnachmittag, mit angenehmen Temperaturen. Leopold hatte einen freien Tag und schlenderte gemütlich durch die Innenstadt. Ein Cafe lockte zum Verweilen. Er setzte sich an einen leeren Tisch, bestellte ein Kännchen Kaffee und hing seinen Gedanken nach.

Auf der anderen Straßenseite fiel ihm ein Werbeschild auf. Frische Paradeiser wurden angeboten. Paradeiser oder auch Paradiesäpfel, das wusste er, nennt man in Österreich die Tomaten. Die Geschichte vom Garten Eden, die er aus dem Buch Genesis kannte stand nun vor seinem geistigen Auge.

Leopold bezahlte den Kaffee und schlenderte weiter. Der Gedanken an das Paradies, diesen geheimnisvollen Garten Eden, ließ ihn nicht los. Ein großer Strom, der sich im Garten teilte und vier Flüsse, den Pishon, den Gihon, den Tigris und den Eufrat speiste, alle diese Bilder erwachten in seinem Gedächtnis. Er war ein nachdenklicher Mensch und sinnierte das eine und andermal, was diese Bilder bedeuten mochten. Je länger Leopold darüber nachdachte um so größer wurde seine Wehmut über den Verlust des Gartens. War es die Neugier, die Eitelkeit, die Lockung wie Gott sein zu wollen, die List der Versucherschlange, die den Menschen zu der verhängnisvollen Tat hinreißen ließ?
Auf was will diese uralte Erzählung hinweisen?

Er war schon eine Weile gegangen, das tauchte vor seinen Augen ein riesiges Gebäude auf. Große Fenster, die gefüllt waren mit Kleidern und Textilien, weckten seine

Aufmerksamkeit. Als er das Haus näher betrachtete sah er, was über den breiten Eingangs-Glastüren in großen Lettern geschrieben stand:

„EINKAUFSPARADIES"
Leopold wurde neugierig und beschloss das Gebäude näher zu erkunden. Indes, er fand keine Bäume, keine Flüsse, keine Blumen und Pflanzen, auch keine Tiere.
Und wo ist die raffinierte Schlange?

Er musste schelmisch schmunzeln, als er „Menschenschlangen" vor den Kassen warten sah. Viele erlagen der Versuchung vermeintliche Schnäppchen, die neben den Bändern angepriesen wurden, in den Warenkorb zu legen. Kopfschüttelnd verließ Leopold das große Kaufhaus. Er war nur einige Schritte gegangen, das stand er vor dem Eingang eines weiteren Paradieses.

„URLAUBSPARADIES"
Jetzt buchen stand groß auf dem prächtigen Plakat. Junge, braungebrannte, muskulöse Männer mit fröhlichen Gesichtern, lachen begehrenswerten Bikini-Evas zu. Palmen und Meer, kühlende Drinks, strahlend blauer Himmel suggerieren das Paradies auf Erden.

Es scheint also doch noch Paradiese zu geben so die stummen Gedanken des Mannes. Aber, da er immer sehr tiefgründig dachte, begann er sich zu fragen ob der Begriff Paradies überhaupt im Plural verwendet werden kann. Kaum war er in eine Seitenstraße eingebogen erblickte er einen neuen Garten Eden.

„SPIELEPARADIES"
Mit etwas Glück so die Verlockung, kann man mit wenig Geld hinein- und mit gefüllten Taschen wieder hinausgehen. Aber Leopold war ein erfahrener Zeitgenosse und ahnte mit sicherem Instinkt, dass es auch andersherum verlaufen kann. So machte er einen großen Bogen um die Eingangspforte um dem Flüstern der Schlange nicht zu erliegen.

Auf seinem gemächlichen Gang durch die Straßen der Stadt, kam Leopold noch an einem Fitness-Paradies, einem Wohn-Paradies, einen Auto-Paradies und an mehreren Blumen-Paradiesen vorbei. Eine große Werbetafel machte auf das Bade-Paradies auf der grünen Wiese am Stadtrand aufmerksam.

„PHARMADIES"
prangte aus dem Fenster einer Apotheke. Aha, die hier angebotenen Säfte, Salben und Pillen können das Paradies in unserem Wohlbefinden erzeugen. Leise formulierte Leopold einen möglichen spöttischen Werbeslogan für dieses Paradies vor sich hin.

„Mit Pillen für Alles und Jeden führt der Weg in den Garten Eden."

Die Sehnsucht in den verschwundenen und sagenumwobenen Ort zu gelangen steckt noch nach Jahrtausenden in den Köpfen der Menschen, so sinnierte Leopold und ging zurück in sein Haus, sein eigenes, persönliches und vertrautes Paradies.

Die Gänse im Weischacker

Nahezu alle Familien in unserem Dorf hielten eine Schar Gänse. Oft wurden die Tiere schon als Küken gekauft. Da es auch im Frühjahr noch manche kalte Nächte gab, hielt man die kleinen Tiere bisweilen auch in der Wohnstube.

Zu unseren Aufgaben als Kinder gehörte es, die großen Gänse zu hüten. Es gab im Dorf einen „Ganswasen" (Gänsewiese). Besonders Familien die keine Landwirtschaft betrieben nutzten diese Weidefläche für ihre Tiere.

In der Zeit der Getreideernte trieb ich unsere Gänseschar, auf die Stoppelfelder, die man im schwäbischen Sprachgebrauch Weischäcker nennt, und die rings um das Dorf liegen.

Es waren Schulferien. Jeden Tag verbrachte ich mehrere Stunden mit unseren Gänsen auf den abgeernteten Feldern.

Oft blieben einzelne Getreideähren auf den abgeernteten Äckern liegen und das Federvieh fand ausreichend Nahrung. Gelegentlich überprüfte meine Mutter am Abend die Kröpfe der Gänse, um festzustellen ob ich auch gute Weidegründe ausgewählt hatte.

Der Magen der Vögel unterscheidet sich durch seine drei anatomisch unterschiedlichen Abteilungen: dem Kropf, dem Drüsenmagen und dem Muskelmagen. Da Gänse einen sehr hohen Stoffwechsel haben und eigentlich immer fressen müssen, wird im Kropf Futter zwischengelagert und die harten Körner werden eingeweicht, um dann leichter verdaut werden zu können. Im Anschluss gelangt der eingeweichte Kropfinhalt in den Drüsenmagen. Dort werden Verdauungsfermente zugesetzt, und es wird mit der Zersetzung der Nährstoffe begonnen. Das Futter wandert dann vom Drüsenmagen in den kräftigen Muskelmagen.

Nach dieser Abschweifung in die Anatomie der Gänse nun aber zurück zu meinem Erlebnis auf den Weischäckern.

Neben dem abgernteten Feld entdeckten meine Gänse einen Acker, auf dem gemähter Weizen ausgebreitet lag. Erst wenn die Sammelt (Sammelt=Halme die mit einem Gaukelschlag abgeschnitten worden sind) trocken waren wurden mehrere Sammelt zu einer Garbe gebunden.

Das mir anvertraute Federvieh stürzte sich begierig auf die am Boden liegenden Ähren und knabberte genüsslich die Körner heraus.

Mir blieb genügend Zeit die weißen Wolken zu beobachten, die ein sanfter Wind auseinander- oder zusammentrieb. Meine Phantasie konnte in den Gebilden Drachenköpfe und viele andere Tiere erkennen.

Lange lag ich rücklings auf dem Stoppelfeld und ließ meinen Gedanken freien Lauf.

Doch meine Sorglosigkeit wurde jäh unterbrochen.

Der Bauer dem das Weizenfeld gehörte kam mit dem Fahrrad gefahren, wahrscheinlich um zu überprüfen ob die Halme schon so trocken waren, dass sie gebündelt werden

konnten. Mit Schrecken erkannte ich die große Gefahr, die dieser große und starke Mann für mich war, zu spät.
Wenn ich mich recht erinnere, war er viele Jahre ein energischer Kommandant der freiwilligen Feuerwehr.

Das Federvieh reagierte schneller als ich und hastete schnatternd davon.

Der Bauer kam wutschnaubend auf mich zu. Breitbeinig und mit ausgestreckten Armen, stand er vor mir. Blitzschnell versuchte ich durch seine Beine zu hechten, um dann schnell aufzustehen und die Flucht ergreifen zu können.

Leider hatte ich jedoch die Reaktionsstärke des Bauern unterschätzt. Als ich genau zwischen seinen Beinen war presste er seine Oberschenkel zusammen und ich steckte in der Falle.

Mein Hinterteil musste nun die Konsequenz meiner vernachlässigten Hirtenaufgabe erleiden.
Mit beiden Händen versohlte er ausgiebig mein Gesäß.

Nachdem er mich solchermaßen bestraft hatte, lockerte er schwer schnaufend seine Beine und ich konnte mich aus seiner harten Umklammerung lösen.

Wie von Hunden gehetzt rannte ich meinen Gänsen nach, die schon in reichlicher Entfernung auf einem Acker ausruhten um die aufgenommene Nahrung zu verdauen.

Der Zorn des Landwirts ließ ihn gottseidank versäumen nach meinem Namen zu fragen.

Er schrie mir aber nach:
„Wem gehörst du eigentlich? Du Rotzlöffel!"

Diese Frage beantwortete ich aber nicht, denn ich war weit genug entfernt, so dass er mich nicht mehr erreichen konnte.

Er wusste nicht wer meine Eltern sind, und konnte somit auch nicht bei meinem Vater vorstellig werden und von meiner Tat berichten. So folgerte ich augenblicklich.

Hätte mein Vater davon erfahren, mit Gewißheit wäre eine erneute Tracht Prügel die Folge gewesen.

Lange Zeit vermied ich es nun, unsere Gänseschar auf Getreidefeldern weiden zu lassen.

Freilich später ließ ich es wieder zu.

Allerdings hielt ich fortan immer Ausschau, ob Gefahr nahte, um die Gänse rechtzeig auf einen Weischacker treiben zu können.

Bekanntlich wird der Mensch aus Schaden klug.

Ein besonderer Berufswunsch

Mein Großvater mütterlicherseits hatte mehrere Jahre das Gut „Sternbacher Hof" in Amerdingen von Graf Stauffenberg gepachtet.

So kam es, dass mein ältester Bruder viel Zeit seiner Kindheit auf dem Gutshof verbrachte.

Manchmal durfte er mit dem Grafen in den Wald gehen und die Jagdtasche tragen. Der Graf war sehr leutselig und mochte meinen Bruder offenbar recht gut leiden.

Es war wieder einmal soweit, fröhlich plaudernd nebeneinander hergehend liefen sie ein Stück weit in den Wald hinein.

„Was willst du denn später einmal werden" fragte der Graf seinen kleinen Begleiter.

Dieser überlegte nicht lange und gab die kindliche Antwort: „Ich will einmal ein Jagdhund werden."

Erstaunt über diesen seltenen Berufswunsch gab der Adlige zu bedenken: „So so ein Jagdhund willst du also werden, da musst du aber noch sehr viel lernen."

Die Angelegenheit geriet bei Graf Stauffenberg längere Zeit in Vergessenheit. Aber eines Tages war es wieder einmal soweit. Mein Bruder Heinz durfte wieder mit in den Wald gehen, um zusammen auf dem Hochsitz nach jagdbarem Wild Ausschau zu halten.

Während sie so fröhlich des Weges gingen, tat mein Bruder kund, dass er nun schon fast alles könne, was ein Jagdhund beherrschen muss. Der Graf hörte sich alles an was der Knabe zu können und zu wissen glaubte.

Dann stellte er die Frage: „Was kannst du dann noch nicht?"

Die Antwort des Angesprochenen war sicherlich völlig unerwartet:

„Ich kann noch nicht während des Laufens scheißen!"

Die Wallfahrer

Jedes Jahr, in der Regel am Markustag, (25. April) unternahm die katholische Pfarrgemeinde Deiningen eine Wallfahrt nach Wemding. Schon zeitig am Morgen zogen die Pilger los. Der Straßenverkehr war damals noch gering. So konnte man risikolos auf der Staatsstraße über Fessenheim Richtung Wallfahrtskirche gehen.

Mit Kreuz und Fahnen am Anfang des Zuges, gefolgt von Kindern, Jugendlichen, Männern und Frauen zog das Gottesvolk dem Ziel entgegen.

Am „Kranichholz", das sich einige Kilometer nach Fessenheim ausbreitet wurde eine Rast eingelegt. Dies war deshalb notwendig, weil doch einige ein allzu menschliches Bedürfnis verspürten und im Wald ungeniert ihre Notdurft verrichten konnten.

Singend und betend zog dann die Schar weiter gen Wemding.
Etwa zwölf Kilometer mussten zurückgelegt werden.

In der Kirche „Maria Brünnlein" wurde ein Gottesdienst gefeiert. Natürlich wurde auch das heilbringende Wasser gekostet, das hinter dem Gnadenaltar seit Jahrhunderten in ein muschelförmiges Marmorbecken rinnt.

Nun war es aber höchste Zeit, nach langem Fußmarsch, Gesang, Gebet und seelischer Erbauung während der Messe, auch dem Leib etwas Gutes zukommen zu lassen.

Also begab sich die fromme Schar in die Wallfahrtswirtschaft um sich bei Brotzeit und Getränken zu stärken.

Meine Brüder Hans, Josef und ich setzten uns an einen freien Tisch, auf dem mehrere Körbe mit duftenden Semmeln/Wecken standen.

Wir bestellten jeder eine Limonade und verspeisten mit großem Genuss die Wecken. Daheim gab es immer nur Schwarzbrot und so betrachteten wir die angebotenen Wecken als eine willkommene Abwechslung.

Unser Appetit war groß, und die Wecken schmeckten prächtig. Zusammen hatten wir uns siebzehn Exemplare in kürzester Zeit einverleibt. Da wir die Nahrung nicht bestellt hatten kamen wir nicht auf den Gedanken, dass dieselbe auch bezahlt werden müsse. Die Limonade allerdings blieben wir nicht schuldig.

Fröhlich, wenn auch etwas müde, kehrten wir zusammen mit den anderen Wallfahrern nach Deiningen zurück.

Wir erzählten von den knusprigen, duftenden Wecken und dass sie nichts gekostet haben, da sie ja schon auf dem Tisch standen als wir in der Gastwirtschaft eintrafen.

Vater und Mutter erschraken sehr als wir unser „billiges" Erlebnis zum Besten gaben.

Sie fürchteten, dass unsere Unbedarftheit als Zechprellerei ausgelegt werden könnte.

Wieviel Wecken habt ihr denn gegessen. Wir nannten wahrheitsgemäß die Zahl siebzehn. Vater schüttelte verzweifelt seinen Kopf und Mutter blickte besorgt.

Dann fiel nach kurzer Bedenkzeit die Entscheidung.

Mutter setzte sich am nächsten Tag auf das Fahrrad, fuhr eiligst gen Wemding, um in der Wallfahrts-Gastwirtschaft die Sache zu bereinigen.

Sie erklärte den Wirtsleuten die Begebenheit, entschuldigte sich vielmals für das Verhalten ihrer Söhne und bezahlte siebzehn Wecken, die damals eine Deutsche Mark und siebzig Pfennige kosteten.

Der Wirt lachte und meinte leutselig: „Soviel Ehrlichkeit ist sehr selten. Die meisten Zechpreller gehen einfach in die Wallfahrtskirche und beichten."

Ob diese Aussagen den Tatsachen entsprach, oder ob er nur augenzwinkernd einen Scherz machte, ist heute nicht mehr zu ergründen.

Der Wetterprophet

Die Lehrerin der Schulklasse, in der meine Schwester Hedwig unterrichtet wurde, war mit dem Fleiß und dem Betragen ihrer Schützlinge wohl sehr zufrieden.

Auch mit dem Unterrichtsstoff war sie schon sehr weit vorangeschritten. Nur wenige Wochen vor den Sommerferien lachte die Sonne vom Himmel. Nur einige schneeweiße Wölkchen flogen gemächlich in die Richtung, in die der sanfte Sommerwind sie drängte.

Da lag natürlich der Gedanke nahe, eine Wanderung zu unternehmen, um diese schöne Zeit nicht nur im Schulzimmer zu verbringen, sondern in freier Natur zu genießen. Schließlich konnten die Mädchen und Buben so manches über Blumen, Bäume, Vögel, Insekten und dergleichen dabei erfahren.

„Wenn ich nur wüsste, ob morgen das Wetter genauso herrlich sein wird wie am heutigen Tag," so murmelte die Pädagogin sinnend vor sich hin.

Hedwig hat die Überlegungen ihrer Lehrerin mitbekommen, sofort ihre Hand erhoben und mit den Fingern geschnalzt.

Als das Schulfräulein dies bemerkte, meinte sie freundlich: „Hedwig was hast du zu sagen?"

„Mein Vater hat das Wetter immer wieder beobachtet und wenn er sagt morgen wird ein sonniger Tag, dann trifft das mit großer Sicherheit zu" sagte meine Schwester voll Stolz.

Die Lehrerin dachte einige Augenblicke nach und kam zu dem Schluss, dass es bestimmt gut wäre, einen solch erfahrenen Wetterpropheten um seine Meinung zu fragen.

Das Schulhaus war nur etwas mehr als hundert Meter von unserem Elternhaus entfernt. So beauftragte sie meine Schwester während der Pause schnell heim zu laufen und ihren Vater um eine Wettervorhersage für den morgigen Tag zu bitten.

Die Pause war gerade zu Ende als meine Schwester zusammen mit ihren Mitschülern in das Klassenzimmer stürmte.

„Nun Hedwig, was hat dein Vater gesagt" fragte das Schulfräulein und wartete mit Spannung auf ihre Antwort.

Wortgetreu gab sie nun die Vorhersage bekannt:

„Mein Vater hat gesagt, dass es morgen schönes Wetter gibt, das sieht doch eine Kuh."

Der verhängnisvolle Wetterbericht

Am Wetterbericht aus dem Radio liegt es nicht, wenn die Vorhersagen hin und wieder etwas daneben liegen. Das Wetter ist launisch und schlägt uns trotz immer genauer werdender Forschungsmethoden dann und wann ein Schnippchen.

In einem Dorf, inmitten des Rieses, bewirtschaftete ein Landwirt einen stattlichen Bauernhof. Er verstand sein Handwerk, war unermüdlich und wirtschaftete sehr erfolgreich. Was er anfing gelang. Das Glück im Stall stand an seiner Seite. Äcker, Wiesen und Garten waren vorbildlich bestellt. Wenn nicht ein Unwetter mit Hagelschlag seine redlichen Mühen zunichte machte, hatte er alles im Griff.

So ging der Spruch im Dorfe um: „Bei dem kalbt auch der Holzschlegel!", was soviel besagen sollte, dass ihm alles gelang und Fortuna mit Wohlwollen bedachte.

An einem sonnigen Sonntag, die Heuernte war voll im Gange, das Gras lag zum Trocknen üppig auf seinen Wiesen, überlegte besagter Bauer, ob er nicht besser heute schon sein Heu einfahren sollte. Sicher, einige Stunden Sonnenschein am nächsten Tag hätten noch ein besseres Winterfutter für seine große Zahl stattlicher Rinder bedeutet.

Lange überlegte er hin und her, sollte er, oder sollte er nicht. Damals sahen es die geistlichen Herren, gleichgültig welcher Konfession sie angehörten, sehr ungern, wenn der Tag des Herrn durch Feldarbeit entweiht wurde. Aber dieser

möglicherweise entstehende Unmut von Pfarrer oder Pastor prägte die Entscheidungen des Bauern in der Regel nicht.
So saß der Landmann etwas unschlüssig auf seinem Canape und trank den letzten Schluck Bier, der bei dem reichlichen Mittagsmahl übrig geblieben war.

Da wurde die Blasmusik, die aus dem Radio drang, unterbrochen und die Kurznachrichten wurden gesendet. Aber erst am Ende der Informationsmeldungen erforderten die Neuigkeiten, die der bayerische Rundfunk ausstrahlte, seine konzentrierte Aufmerksamkeit.
Politischen Nachrichten lauschte er nur mit „halben Ohren", tat er doch einmal bei einer politischen Versammlung in der Dorfwirtschaft kund, was eh alle wussten:

„Ich hab doch mehr Geld als so ein Regierungsrätle!"

Ja! an Geld mangelte es ihm nicht. Wie das nun einmal so ist, man will seinen Besitz nicht schmälern oder gar verlieren. So horchte er aufmerksam zu, als am Ende der Nachrichtensendung die Wetteraussicht für den kommenden Tag angesagt wurde. Die Meteorologen sagten einen sonnigen heißen Tag vorraus.

Dies erleichterte die Entscheidung des Bauern ungemein und er rümpfte seine füchsische Nase. So war gewährleistet, dass er bestes Futter heimfahren konnte und auch die kirchlichen Herren keinen Grund zu Unmutsäußerungen finden konnten.

Er streckte sich sodann gemächlich auf das Sofa und döste, mit sich und der Welt völlig im Einklang, selig ein.

Nachdem er erwacht war ging er mit festem Schritt in seine Stammwirtschaft, um bei kühlem Bier mit seinen Standesgenossen über die schlechten Preise, die Gemeinheiten der Viehhändler und Schikanen der Behörden zu klagen.

Zufrieden trat er am Abend seinen Heimweg an, besorgte mit gewohnter Routine und Sorgfalt alle Arbeiten im Stall und legte sich schon wenige Stunden nach Sonnenuntergang schlafen. Schließlich würde der kommende Tag viel Arbeit bringen.

In den frühen Morgenstunden wurde er durch Geräusche, die ein heftiger Gewitterregen verursachte, jäh aus dem Schlaf gerissen. Dem Heu, das längst in der Scheune hätte sein können, galt sein erster Gedanke.

„Diese Idioten der Wettervorhersage, diese Stümper, Ochsen und sonstige Großviecher sind sie alle miteinander, wie konnte ich nur ihnen vertrauen", knurrte er wutentbrannt.

Sein Blutdruck stieg auf eine gefährliche Höhe an. Noch im Schlafgewand hastete er in die Stube, schob energisch den Vorhang des Fensters zur Seite, packte das Radiogerät wutentbrannt so heftig, dass der Netzstecker in der Stromdose stecken blieb und das Kabel aus den Klemmen gerissen wurde. Mit einem heftigen Ruck öffnete er das Fenster und streckte den Rundfunkempfänger zum Fenster hinaus in den Regenguss hinein.

Dann sein rasender Vorwurf: „Siehst du jetzt du Riesen-A....loch was es tut!"

Der bibelkundige Soldat

Es gab noch die Wehrpflicht bei der Bundeswehr. So mussten eben viele junge Männer ihren Beruf, damals 18 Monate, an den Nagel hängen, um dem Vaterland zu dienen.

Ein junger Mann aus dem Ries wurde gemustert, für tauglich befunden und wenige Monate später zur Grundausbildung eingezogen. Seine Begeisterung hielt sich in engen Grenzen. Nur widerwillig trat er seinen Dienst an. Das Strammstehen, Formalausbildung, Geländeübungen, Gewehr reinigen und viele andere Tätigkeiten, die das Kasernenleben ausmachen, waren gar nicht seine Sache. Aber er fügte sich in sein Schicksal.

Seinen Vorgesetzten war schon bald aufgefallen, dass der junge Mann ein schlagfertiges Mundwerk hatte und besonders bibelkundig war. Es gab kaum eine Situation, zu der ihm nicht eine passendes Bibelzitat eingefallen wäre.

Im Herbst - die Grundausbildung war lange vorbei - musste er mit seinen Kameraden ins Manöver ziehen.
Auf einer bergigen Wiese stehend sollte er die Gegend beobachten und Auffälligkeiten den etwas abseits stehenden Offizieren melden.

Unweit einer umzäunten Wiese weideten einige Kühe, die offensichtlich zu einem Gehöft gehörten, das im Tal lag. Wie es der Bulle, der ebenfalls auf der Weide seinen Hunger gestillt hatte und widerkäuend seine weiblichen Genossinen betrachtete, geschafft hat die Umzäunung zu verlassen, vermag ich nicht zu sagen. Zielstrebig trottete der

kraftstrotzende Stier direkt auf die Offiziere zu, die zunächst, in eine Diskussion vertieft, die nahende Gefahr nicht erkannten. Als ihnen bewusst wurde, dass das große Tier mit gesenktem Kopf immer schneller in ihre Nähe kam, wurden die hohen Herrn sichtbar nervös.
Wild gestikulierend und mit zischenden Drohworten versuchten sie den unbequemen Besucher zu verscheuchen.

Der Soldat, der aus sicherer Entfernung die Auseinandersetzung zwischen den Miltärs und dem Tier amüsiert beobachtete, lachte schadenfroh in sich hinein.

Die Rettung ließ jedoch nicht lange auf sich warten. Der Bauer, der wohl bemerkt hatte, dass sein Stier ausgerissen war, kam mit raschen energischen Schritten zur Gefahrenstelle. Er schaffte es in kurzer Zeit, seinen stattlichen Bullen zur Umkehr zu bewegen. Gemächlich vor seinem Herrn trabend setzte dieser zur Rückreise an. Die Herren Offiziere waren sichtlich erleichtert, wurde doch in der Militärakademie das Verhalten bei drohenden Angriffen durch Rindviecher nicht gelehrt.

Nachdem die Gefahr gebannt war, erblickte ein Major aus der Gruppe den bibelkundigen Soldaten, der sichtlich gelangweilt durch das Gelände spähte.

Sie riefen ihn mit militärischem Befehlston herbei.
„Na Soldat, weißt du auch hierzu einen Bibelspruch?"
so schnorrte einer den Soldaten an.
Die Antwort war kurz und präzise.
„Er kam in sein Eigentum, aber die Seinen nahmen ihn nicht auf!" **Joh 1.11**

Not bricht Gebot

Das „tausendjährige Reich" war schon nach 12 Jahren katastrophal zu Ende gegangen.

Die Siegermächte teilten Deutschland in Besatzungs-Zonen auf. Die einzelnen Gebiete verteilten sich folgendermaßen:

Eine östliche Besatzungszone im Bereich der Zuständigkeit der Sowjetunion.

Eine nordwestliche Zone, das waren später Schleswig-Holstein, Niedersachsen, Nordrhein-Westfalen und Hamburg. Sie stand unter britischer Kontrolle. Bremen lag zwar in diesem Gebiet, stand allerdings unter amerikanischer Verwaltung.

Eine südwestliche Zone, die Bayern, Hessen, Nordwürttemberg und Nordbaden umfasste. Diese Gebiete sollten zunächst der amerikanischen Militärhoheit unterstehen.

Im Sommer 1945 wurden die Gebiete der späteren Bundesländer Rheinland-Pfalz und Saarland und Teile Württembergs und Badens an die Franzosen abgegeben und standen dann unter französischer Verwaltung.

Unser Onkel, ein Halbbruder unseres Vaters, hatte sich mit seiner Frau in Oggersheim niedergelassen.

Der Wohnraum war knapp, die Lebensmittel rationiert, Hunger und Not bestimmten den Alltag.

In solch schweren Zeiten war es ein großer Vorteil, wenn Stadtleute Verwandte hatten, die einen Bauernhof bewirtschafteten. Zwar lebte man auch auf dem Lande nicht im Überfluss, aber es gab immerhin ausreichend zu essen. Auch meine Eltern betrieben im Ries eine kleine Landwirtschaft. Da mein Vater mit seinem Halbbruder ein gutes Verhältnis pflegte, war es Ehrensache die „Stadtleute" zu unterstützen.

Aber das war einfacher gesagt als getan.
Besonders mangelte es an Fleisch. Auf dem Dorf waren Schwarzschlachtungen durchaus üblich. Dies war natürlich nicht ungefährlich. Besonders wir Kinder mussten von den verbotenen Aktivitäten unserer Altvorderen ferngehalten werden, um die heimlichen Aktionen nicht verraten zu können.

Es war ein sehr heißer Sommer.

Man beschloss, eine Sau von Deiningen nach Oggersheim zu verfrachten.

Zwei Alternativen wurden besprochen.

Das Schwein in Deiningen schlachten und Fleisch und Würste sodann in die besagte Stadt zu transportieren.
Es war aber schwer abzuschätzen, wie lange ein solcher Transport dauern würde. Es gab beim Überschreiten von einer Besatzungszone in die andere vielerlei Kontrollen. Eine längere Transportzeit musste einkalkuliert werden. Das Fleisch samt Würsten konnte bei den sommerlichen Temperaturen Schaden erleiden und ungenießbar werden.

So wurde auch eine 2. Variante diskutiert und die sah folgendermaßen aus: Das Schwein wird lebend transportiert und sollte erst an Ort und Stelle sein Leben aushauchen. Aber wie sollte das gelingen? Schweine quieksen und grunzen! Bei einer Kontrolle wäre der verbotene Transport nicht zu vertuschen gewesen.

Da kam unserem Onkel ein genialer Gedanke.

„Wir geben der Sau eine ausreichende Menge Schnaps zu saufen. Sie wird tagelang brauchen um ihren Rausch auszuschlafen, zumal der Konsum von Alkohol für das Borstentier doch etwas Außergewöhnliches ist", so sein einleuchtendes Argument.

Aber woher das berauschende Getränk nehmen?

Es gab nur eine Person, die hier weiterhelfen konnte. In einem kleinen Haus in Deiningen lebte ein alter Mann mit seiner Frau „Wabbi". Dieser Bekannte meines Vaters, er hatte ein steifes Bein, und war deshalb stets mit einem Stock unterwegs, war dafür bekannt, dass es ihm diebische Freude bereitete die Ordnungsmächte auszutricksen. Sein Name war „Wastl". Er gehörte, nebenbei bemerkt, zu den Wenigen, die den nazionalsozialistischen Umtrieben schon in den Anfängen feindlich gegenüberstanden.

Da der betagte Wastl, ein begabter Tüftler und Bastler, gerne tat was verboten war, brannte er auch Schnaps. Der Alte wurde in die Pläne eingeweiht. Er war nur zu gerne bereit eine ausreichende Menge Betäubungsmittel zur Verfügung zu stellen.

Unser Onkel war im Besitz eines Kleintransporters, er war nämlich in Oggersheim dabei einen Obst- und Gemüsehandel aufzubauen.

Dieses Fahrzeug, ein Produkt des Borgward-Konzerns, den das Goliath-Werk in Bremen baute, war ein dreirädriges Gefährt, das in den Nachkriegsjahren mit einem Holzvergaser ausgestattet war, denn Benzin war knapp. Mit diesen meist in Eigeninitiative gebauten Provisorien konnte der Treibstoffmangel umgangen werden.

Nun war es soweit.

Die Sau, man wählte ein nicht allzugroßes Tier, hatte den selbstgebrannten Schnaps begierig und lustvoll genossen. Nach kurzer Zeit fiel sie in einen komaähnlichen Schlaf. Ein großer Kartoffelsack stand bereit. In diesen wurde die „Betrunkene" gesteckt. Die Zwischenräume wurden mit Kartoffeln ausgefüllt, so dass vom eigentlichen Inhalt, falls die Fracht kontrolliert werden sollte, nichts zu sehen war.

Unser Onkel war sehr auf Sicherheit bedacht und ging bei seinen gewagten Aktionen gezielt und strategisch vor. Vorsorglich nahm er noch eine große Flasche Schnaps mit auf seine Fahrt, um bei Bedarf das Schwein erneut einer Narkosebehandlung zu unterziehen.

Die Fahrt begann.

Beim Übertritt in die französische Besatzungszone wurde er von Soldaten kontrolliert. Aber diese schöpften keinen Verdacht. Sie gönnten den Deutschen ihre Kartoffeln. Das Fahrzeug tuckerte eine Steigung hinauf und überholte einen französischen Soldaten, der sich auf seinem Fahrrad mit großer Anstrengung um die Überwindung des Höhenunterschiedes mühte.

Als mein Onkel mit seinem Goliath-Gefährt gerade an ihm vorbeifuhr, ergriff der Soldat die Bordwand des Kleinlasters und ließ sich so den Berg hinaufziehen.
Unser Onkel bemerkte dies wohl, aber er behielt die Nerven. Zwar versuchte er immer wieder durch abruptes Bremsen den unliebsamen Anhängsel abzuschütteln. Schnell erkannte er jedoch, dass ihn dies nur verdächtig machen könnte. So zog er den Radfahrer die ganze Steigung hoch, bis dieser sich selbst abkoppelte und eine andere Richtung einschlug.

Wohlbehalten kam Onkel nach der langen Fahrt in Oggersheim an. Seine Holzvorräte auf der Ladepritsche neigten sich bereits dem Ende zu, wenngleich er auf der Strecke Nachschub „organisiert" hatte.

Am nächsten Tag wurde die Sau ihrer Bestimmung übergeben. Sie hat davon offenbar nichts bemerkt. Schweigend ertrug sie ihr Schisksal. Der selbstgebrannte Schnaps hatte seinen Zweck erfüllt.

Mein Onkel schüttelte sich immer wieder vor Lachen, wenn bei seinen Besuchen von dieser abenteuerlichen Geschichte die Rede war.

Der herzlose Waldaufseher

Wer liebt sie nicht, die wohlschmeckenden Walderdbeeren? Schon die Heilige Hildegard von Bingen, Äbtissin und Naturheilkundige, erwähnt sie im 12. Jahrhundert.
Dichter gaben dieser Beere den Namen Sehnsuchtsfrucht der Götter. Unsere germanischen Vorfahren weihten sie der Liebesgöttin „Frigga", die Römer der Venus und die Christen sollen sie nach alten Erzählungen der Gottesmutter Maria geweiht haben.

All dies wusste der Waldhüter eines Fürsten anfangs des 20. Jahrhunderts sicher nicht. Sein dummes Macht demonstrierendes Verhalten lässt einen solchen Schluss jedenfalls zu, wie wir noch sehen werden.

Von der Begegnung des fürstlichen Adlatus und einem Mädchen will ich berichten. Meine Mutter hat mir die Begebenheit erzählt. Ich habe versucht das Geschehen, so wie es mir nach ihrer Schilderung in Erinnerung geblieben ist, wiederzugeben:

Ein umtriebiger Landmann hatte einen Gutshof des fürstlichen Hauses gepachtet. Seine Nichte durfte in den Schulferien einige Tage auf dem Hof verbringen. Dies war für das Mädchen eine willkommene und interessante Abwechslung. Der stattliche Gutshof war umgeben von Laub- und Nadelwäldern, Wiesen und weitem Ackerland. Das Mädchen liebte es die Geheimnisse des Waldes zu erkunden. Zum einen konnte sie dem Pfeifen, Zwitschern und Singen der Vögel lauschen, zum Anderen die Flugeigenschaften von Tannenhähern, Kernbeissern,

Grünspechten und vielen anderen Vögeln beobachten. Turteltauben gurrten unermüdlich ihr langegezogenes „ruckedegu, ruckedegu" und ließen in den Gedanken des Kindes das Märchen vom Aschenputtel wieder lebendig werden.

So wanderte der Feriengast, ein fröhliches Kinderlied singend, einige Minuten lang auf dem Waldweg in den Forst hinein. Das Mädchen beobachtete ihre Umgebung ganz genau. Bald fielen ihm auch die niedrigen Stauden mit ihren langstieligen scharf gesägten Blättern auf. Die kleinen weißen Blüten mit der Vielzahl gelber Staubblätter schmiegten sich bescheiden an den würzig riechenden Waldboden.

Als sich das Kind bückte, bemerkte es die zahlreichen kleinen Beeren, die mit ihrem satten Rot die Sonne anblinzelten, deren Lichtstrahl schöne Schatten und Bilder zwischen die Baumstämme malte.

Natürlich konnte es der Versuchung die Beeren zu verspeisen nicht widerstehen. Frucht für Frucht verschwand im Mund des Mädchens.

Nun fasste es die Enden seiner Schürze zusammen und hielt den Stoff mit einer Hand zusammen. In den so entstandenen Beutel pflückte es eifrig eine reife Walderdbeere nach der anderen hinein. Fröhlich summte das Kind ein Lied, denn singen konnte es schön, tat es gerne und dies mit Herzenslust.

Sicher werde es mit den süßen Früchten Onkel und Tante eine große Freude bereiten, dachte es bei sich.

In seinem Eifer bemerkte das Mädchen nicht, dass der junge Waldhüter des Fürsten, hoch zu Ross, das emsige Treiben beobachtete.

„Was machst du da?" herrschte er das Kind an. Erschrocken stand es auf, zeigte aber sogleich voll Stolz die reiche Ernte in seiner Schürze.

„Die Beeren gehören meinem Herrn!" schnarrte der unfreundliche Mann von seinem Pferd herab.

„Es sind nur ganz wenige, ich habe sie für meine Tante und meinen Onkel gepflückt!" stammelte verängstigt das Mädchen.

Aber den hartherzigen Reitersmann kümmerte das nicht. Mit einem Stock schlug er auf die Hand des Mädchens die die Schürzenenden zusammenhielt. Durch den kurzen Schmerz ließ es die Schürze aus der Hand gleiten. Die Beeren fielen auf den Waldboden. Tränen rollten über das Gesicht des unglücklichen Kindes, als es einige Schritte zurückwich. Der fürstliche Adlatus ließ das kleine Häuflein der kostbaren Walderdbeeren von den Hufen seines Pferdes zertrampeln und jagte das Kind mit groben Worten aus dem Wald hinaus. Ob dieser primitive, brutale Mann später als KZ-Wächter Karriere machte wusste meine Mutter nicht zu berichten.

Wer weiß? Den Eignungstest hätte er sicher bestanden.

Wie ich meiner Tante einen Bären aufband

Wir hatten eine Tante, die in Augsburg wohnte. Ihr Mann unser Onkel, wenigstens nannten wir ihn so, denn er war ein Cousin unseres Vatesr, betrieb ein gutgehendes Geschäft in der Fuggerstadt und hatte es offenbar zu Wohlstand und Ansehen gebracht. Ein oder zweimal im Jahr besuchten sie uns.

Wir Kinder standen dann meist mit ehrfurchtsvollen Gesichtern in Reih und Glied in der Stube um die hohen Gäste aus der Stadt zu begrüßen. Es war aber weniger die Hochachtung die uns artig und bescheiden sein ließen, als die Erwartung, dass diverse Süßigkeiten für uns abfallen könnten.

Ich erinnere mich noch an eine Begebenheit, die ich noch erzählen will, bevor ich zum eigentlichen Thema zurückkehre. Onkel liebte die deftigen Brotzeiten, die im Ries serviert wurden. So saß er auch diesmal am Tisch vor einem ehrbaren „Schnietz aus dem Kemmich" (Scheibe geräuchertem Schinken aus dem Kamin), Rieser Bauern-Bratwürsten, selbstgebackenem Brot und einem Krug Apfelmost. Er hatte einen gesegneten Appetit und aß mit sichtlichem Vergnügen die Rieser Köstlichkeiten.

Indessen saß ich auf der Ofenbank und verschlang gierig die Karamelbonbons und die große Tafel Schokolade, die ich von Onkel und Tante geschenkt bekommen hatte. Mein Vater schaute mir dabei zu, schüttelte verständnislos den Kopf und meinte: „Alfred, du brauchst nicht alles so gierig verschlingen das nimmt dir niemand weg!" Nun muss man wissen, dass der Vorname meines Onkels ebenfalls Alfred war. Er kaute gerade mit vollen Backen an Brot, Schinken und Bratwürsten. Offenbar dachte er im ersten Augenblick die Rede meines Vaters wäre an ihn gerichtet gewesen. Beinahe hatte er sich verschluckt, blickte erschrocken zu meinen Eltern und wurde ganz offensichtlich etwas verlegen. Nun klärte meine Mutter geistesgegenwärtig das Missverständnis auf und zeigte mit dem Finger auf die Ofenbank, wo ich gerade den Rest der Schokolade verschlang. Onkel prustete lauthals los und genoss anschliessend mit großem Genuss die Rieser Schmankerln.

Die Tante aus Augsburg war immer sehr vornehm gekleidet. Wertvoller Schmuck, Halsketten, Armreife und Broschen prangten, Bewunderung heischend, an ihr. Als sie ihre Stöckelschuhe ausgezogen hatte und in bequemen Hauspantoffeln vor mir stand war sie zehn Zentimeter kleiner geworden. Da sie offenbar nicht dem Schlankheitswahn verfallen war, trat nun, etwas kleiner geworden, ihre körperliche Fülle noch mehr zutage. Ich bewunderte damals die Qualität der deutschen Nähfäden, die doch den Stoff, der ihren Leib umspannte, zusammenhalten mussten.

Sie wandte sich nun mir zu, um mich über alles mögliche auszufragen. Nachdem ich alle Fragen mit gequältem „hochdeutsch" beantwortet hatte wollte sie noch wissen was ich in meiner Freizeit so alles unternehmen würde.

Das war nun just der Augenblick in dem der Schalk in mir die Oberhand gewann, denn neugierige Fragen waren mir schon damals zuwider. So begann ich eine erfundene Geschichte aufzutischen und die ging so:

„Gestern habe ich das Motorrad meines ältesten Bruders gereinigt. Er hat mir ein großes Eis dafür versprochen.

Da aber das Öl und der angesetzte Straßenstaub nicht so einfach zu entfernten war ließ ich an der Zapfsäule unserer Tankstelle etwas Benzin in eine leere Heringsdose laufen. Damit lassen sich Ölrückstände leichter entfernen.

Während ich eifrig arbeitete kamen meine Freunde Hans und Xaver, schauten mir eine Weile zu und luden mich ein, in unserem Garten etwas Fußball zu spielen. Xaver hielt bereits einen alten Lederball unter dem Arm. Diesem Angebot konnte ich nicht widerstehen. So ließ ich Putzlappen und Benzin stehen und trollte zusammen mit den Freunden in den Garten. Es war sehr heiß an diesem Tag.

Der fette Kater unseres Nachbarn schlich neugierig durch unseren Hof, erblickte das alleingelassene Motorrad und sah das kühle Nass, das etwas eigenartig roch. Der Durst des Katers war größer als die Vorsicht die er hätte walten lassen sollen. So schlürfte er begierig den Treibstoff in sich hinein."
Meine Tante hörte mir aufmerksam zu und wartete gespannt auf den Fortgang der Ereignisse. „Was ist denn dann geschehen", fragte sie mit sichtlichem Entsetzen.

Die vornehme Augsburgerin, dessen war ich mir sicher, war mir, dem Dorfbuben, auf den Leim gegangen.

So begann ich meine Geschichte fantasievoll weiterzuspinnen: „Der Kater rannte wie rasend in den Garten hinunter. Schaum quoll zwischen seinen spitzen Zähnen heraus, die

Augen begannen zu funkeln und der Schwanz stand waagerecht nach hinten. Wie tollwütig geworden sprang er mit einem gewaltigen Satz über das hölzerne Tor, das Hof und Garten voneinander trennte."

Die Tante richtete mit erschrockenen Blicken ihr Augenmerk auf mich. Einige Augenblicke hielt ich mit meiner Erzählung inne. Die Spannung stieg gewaltig an.

„Was geschah dann?" wollte sie wissen. Ich schluckte einigemale und blickte zu Boden um zu vermeiden, dass sie bemerken konnte, wie ich mit den „Stockzähnen" lachte, wie meine Mutter immer zu sagen pflegte, wenn jemand seine klammheimliche Freude nur mit Mühe verbergen konnte und fuhr fort:

„Der Kater kletterte wie wahnsinnig geworden am Fallrohr der Hausdachrinne empor, schwang sich mit einer kraftvollen Bewegung in die Luft und erreichte mit den Vorderpfoten die Dachrinne. Dort blieb er einige Sekunden hängen, stieß einen fürchterlichen Schrei aus und fiel mit einem lauten „Plumps" auf den Boden, wo er leblos liegen blieb."

Die Tante starrte mich mit aufgesperrtem Mund und entsetzten Blicken an. Nachdem sie den ersten Schock überwunden hatte meinte sie: „Alfred war der Kater tot?"

Mit zusammengepressten Lippen schüttelte ich den Kopf und verkündete stolz: „Aber nein, liebe Tante, ihm ist nur das Benzin ausgegangen."

Heute noch bin ich mir ganz sicher, dass sie meine erlogene Geschichte geglaubt hatte, wenngleich sie vorgab von Anfang an gezweifelt zu haben.

So meinte sie nur: „Alfred du hast ein sonniges Gemüt!"

Die Rache des Azubis

„Lehrjahre sind keine Herrenjahre", diese alte Erfahrungsweisheit galt in den vergangenen Jahrzehnten weitaus mehr als heute.

Die jungen Burschen und Mädchen, die eine Lehre absolvierten, können ein Lied davon singen. Reinigungsarbeiten, Brotzeit holen, Botengänge und berufsfremde Tätigkeiten gehörten genauso dazu wie Werkstatt aufräumen.

Der Name Azubi = Auszubildender ist ein Kunstwort der neueren Zeit. Es gab offenbar Menschen, denen der Begriff Lehrling, der Jahrhunderte hindurch Bestand hatte, nicht mehr gefiel. Nun, es gibt ja auch besonders Kluge, die aus dem Namen Weihnachtsfest die Bezeichnung Winterfest machen möchten. Aber wie sagte schon der Gelehrte Albert Einstein: „Es gibt zwei Dinge, die unendlich sind, die Dummheit und das Weltall, wobei ich mir beim Weltall nicht sicher bin."

In der Zeit zwischen 1950 und 1960 war es gar nicht so leicht eine Lehrstelle zu finden. Nur wenige Jugendliche besuchten eine Realschule oder gar das Gymnasium.

„Handwerk hat goldenen Boden", so die landläufige Devise.

Ein 14-jähriger hatte nach erfolgreichem Abschluss der Volksschule nach der 8. Klasse eine Lehrstelle gesucht. Dazu brauchte man manchmal das Vitamin „B" sprich Beziehungen.

In diesem Fall von dem ich berichten will, war es aber nicht so. Der Schulabgänger musste einen Eignungstest bestehen um so seine Qualifikation nachzuweisen.
Bei einem Autohändler, mit Reparaturwerkstatt und Tankstelle fand er schließlich einen Platz, um die Lehre zum Kfz-Mechaniker zu beginnen. Mit ihm hatten noch zwei weitere Burschen die Chance erhalten einen zukunftsträchtigen Beruf zu erlernen. Automechaniker war in den 50er Jahren ein Traumberuf.

Es war in diesem Falle sogar so, dass der „Azubi" noch am Vormittag die Schule besuchte und am Nachmittag bereits an seiner neuen Lehrstelle da sein musste. Nun, dieser Zustand dauerte nur zwei Tage, dann endete das Schuljahr und die Ferien begannen. Ferien, das war für viele Dorfkinder damals ein Fremdwort, galt es doch zuhause auf dem Feld und im Stall mitzuhelfen.

So trat der angehende Mechaniker kräftig in die Pedale seines Drahtesels, um rechtzeitig nach der Schule seine Arbeitsstätte in Nördlingen zu erreichen.

Bei seinem Lehrherren waren auch noch drei Gesellen, und mehrere „Oberstifte", das waren Lehrlinge im 2-4 Lehrjahr, beschäftigt.

Der neue Azubi legte sich mächtig ins Zeug, war sehr interessiert und scheute auch Drecksarbeiten an ölverschmierten Motoren oder Getrieben nicht. So war es vorauszusehen, dass er bald bei allen Kollegen anerkannt und geschätzt wurde.

Bei Allen?

Es gibt immer einen der aus der Reihe tanzt.
Kurz geschildert der neue Azubi und ein „Altgeselle"
verstanden sich nicht. Die Antipathie beruhte ganz offensichtlich auf Gegenseitigkeit. Musste der Lehrling mit
diesem Gesellen zusammenarbeiten, bekam er nur minderwertige Tätigkeiten, wie Werkzeug herreichen, Teile
reinigen, oder mit der Fettpresse die Gelenke der
Spurstangen schmieren, was besonder im Winter bei
herabtropfenden Schneewasser recht unangenehm war.

Besagter Geselle schimpfte viel, und ließ kein gutes Haar an
dem lernwilligen Azubi.

Mit der Zeit, das zweite Lehrjahr war schon überstanden,
staute sich ein innwendiger Hass im Gemüt des Azubis.
Er sann nach Rache und heckte einen außergewöhnlichen
Streich aus. Niemand erzählte er von seinem Plan.

Ein Geheimnis ist nur dann eine Geheimnis und bleibt nur
dann ein solches, wenn nur eine Person davon weiß, so seine
feste Überzeugung.

Jeder Geselle hatte den Bereich einer Werkbank für sich,
ausgestattet mit Werkzeugkasten, Schraubstock und
Schublade. In dieser Lade verstaute der griesgrämige
Geselle sein Vesperbrot. Sozialräume für die Arbeiter gab es
damals noch nicht.

Der Tag der Rache kam.

Der ungeliebte Geselle war mit einem reparierten Auto zu einer Probefahrt unterwegs. Die anderen Kollegen waren intensiv beschäftigt, lagen unter den Autos oder hantierten in der Montagegrube an Auspuffanlagen oder Handbremsseilen.

Der Azubi kramte einen Heraklitnagel aus seiner Hosentasche. *(diese Nägel dienen zum Annageln von Heraklitplatten und habten einen großen quadratischen Kopf)*
Nun nahm er ein Stück Blech, das etwas kleiner als eine Brotscheibe war. Durch dieses Metall trieb er in der Mitte den Nagel. Nocheinmal blickte er nach allen Seiten und frohlockte, als niemand zu sehen war.

Eilig öffnete er die Schublade des widerwärtigen Gesellen und fand wie erwartet das Vesperbrot säuberlich in Papier eingewickelt. Schnell öffnete er die Verpackung, nahm die obere Brotscheibe ab und legte stattdessen das Blech mit dem Nagel darauf und trieb den Metallstift durch die untere Brotscheibe und den Schubladenboden. Nach vollbrachter Tat legte er die abgenommene Brotscheibe wieder darüber und ordnete die Papierverpackung.

Sein Werk war gelungen. Nur schwer konnte er seine diebische Freude verbergen.

Die Frühstückspause kam, der Geselle war von seiner Probefahrt gerade rechtzeitig zurückgekehrt und schritt frohen Mutes zur Schublade. Sein Griff nach der morgendlichen Stärkung misslang. Energisch zog er an dem

Pausenbrot. Am Ende hatte er jedoch nur etwas Papier und die obere Brotscheibe in der Hand.

Sein daraufhin folgender Tobsuchtsanfall trieb alle Lehrlinge und Gesellen zusammen und sogar der Kfz-Meister kam dazu.

Das hat ein Nachspiel, ob Freund oder Feind, der infame Täter muss bestraft werden drohte er mit vor Zorn angeschwollenen Halsschlagadern und kreischender Stimme.

Empört äußerte sich auch der Azubi über diese Freveltat. Verdächtigungen machten die Runde. Aber es kam auch hämische Freude unter den Arbeitern auf. Verhöre der Azubis beim Meister folgten. Aber die Unschuldigen konnten nichts sagen und der Täter schüttelte ob solcher Gemeinheit, mit schauspielerischen Können, immer wieder nur den Kopf.

Kurzum der „Täter" wurde nicht entlarvt. Bis auf den heutigen Tag ist sein Name nicht offenkundig geworden.

Der Geselle ist schon lange nicht mehr am Leben.

erlebt oder erfunden?

Die „Todkranke" und die Versehgarnitur

Bis in das 20. Jahrhundert hinein gab es in vielen katholischen Familien eine Versehgarnitur. In manchen Gegenden war auch die Bezeichnung Versehbesteck gebräuchlich.

Die Garnitur besteht in der Regel aus einem Kreuz, das man auf den Tisch stellen kann, zwei Kerzenhaltern samt Kerzen und einem Weihwassergefäß. Diese Requisiten werden gebraucht, wenn ein Mitglied der Familie schwer krank geworden ist und sein Ableben befürchtet wird.

Der Jakobusbrief im Neuen Testament der Bibel gibt konkrete Anweisungen die zeigen, dass in der jungen Kirche der Ritus eingeführt war.

„Ist einer von euch krank? Dann rufe er die Ältesten der Gemeinde zu sich; sie sollen Gebete über ihn sprechen und ihn im Namen des Herrn mit Öl salben. Das gläubige Gebet wird den Kranken retten und der Herr wird ihn aufrichten; wenn er Sünden begangen hat, werden sie ihm vergeben."
Kap. 5, 14-15

Das Öl für die Krankensalbung wird am Gründonnerstag oder einem anderen Tag der Karwoche in der Bischofskirche geweiht.

Die Krankensalbung zählt in der katholischen Kirche zu den sieben Sakramenten. Als Sakrament bezeichnet man im Christentum einen Ritus, der als sichtbares Zeichen beziehungsweise als sichtbare Handlung eine unsichtbare

Wirklichkeit Gottes vergegenwärtigt und an ihr teilhaben lässt.

Das Sakrament wird durch den Priester gespendet, indem er dem Kranken Hände und Stirn salbt. Zuerst soll die Salbung den Kranken für das Durchstehen der Krankheit stärken.

Für die meisten Katholiken ist die Krankensalbung allerdings die „Letzte Ölung" und damit das Sterbesakrament. Der Priester wird gerufen, wenn angenommen wird, dass der Tod unmittelbar bevorsteht.

Diese Informationen stelle ich deshalb meiner Erzählung voran, weil viele Heutige den Ursprung und den Sinn des Sakramentes der Krankensalbung (früher letzte Ölung genannt) nicht mehr kennen.

Unsere Mutter war schwer krank geworden. Eine schreckliche Nacht lag hinter ihr. Unser Vater, die Töchter und Söhne die im Hause weilten mussten das Schlimmste befürchten. Die Geschwister unserer Mutter sind alle nicht sehr alt geworden. So waren wir zu der Überzeugung gekommen, dass auch unsere Mutter kein allzu hohes Alter erreichen werde.

Den Grund, warum gerade an diesem Tag der damalige Augsburger Bischof Dr. Josef Stimpfle in Deiningen weilte, ist mir nicht mehr erinnerlich. Aber wir hatten die Information, dass der hohe kirchliche Würdenträger wünschte, die Kranken des Ortes besuchen zu dürfen, um ihnen das Sakrament der Krankensalbung zu spenden.

Für unsere Mutter wäre es eine herausragende Ehrung gewesen, wenn gerade ihr, der ehemals „Lutherischen", diese besondere „Auszeichnung" zuteil werden würde.

So begannen wir uns auf den Besuch des Bischofs vorzubereiten.

Wo ist die Versehgarnitur?

Wir wussten mit Sicherheit, dass eine solche irgendwo im Hause aufbewahrt wurde.

Fieberhaft durchstöberten wir alle Schränke, Truhen und Schubladen.

Keine Versehgarnitur weit und breit!
Die Zeit drängte.
Der Oberhirte konnte jeden Augenblick samt Ministranten vor unserem Haus auftauchen.

Vielleicht ist die Versehgarnitur im elterlichen Schlafzimmer zu finden, so unsere Überlegung.
Als wir das Zimmer betraten, in dem wir die schwer erkrankte Mutter schlafend im Bett liegend wähnten, trauten wir unseren Augen nicht.

Das Bett war leer.

Nun suchten wir nicht nur die Versehgarnitur, sondern auch die „sterbenskranke" Mutter.
Aus dem Zimmer unseres Bruders vernahmen wir Geräusche, öffneten die Tür und siehe da, unsere Mutter

stand auf einem Stuhl, den sie vor den Kleiderschrank gestellt hatte und angelte, auf den Zehenspitzen balancierend, die gesuchte Garnitur von der obersten Ecke des Kleiderschranks herunter.

Mit großer Eile verfrachteten wir unsere Mutter zurück in ihr Krankenbett. Der Bischof schritt schon in unseren Garten.

Schnell wurde ein weißes Tuch über einen kleinen Tisch gebreitet, das Kreuz aufgestellt, die Kerzen entzündet und das Weihwassergefäß daneben gestellt.

Aber, o Schreck, jetzt mussten wir festsellen, dass das Weihwasserfläschen, welches im Wohnzimmerschrank aufbewahrt wurde, kein geweihtes Wasser enthielt.

Unser Vater ergriff kurzerhand eine Flasche mit süßem Sprudelwasser, warf einen entschuldigenden Blick auf das Kreuz im Hergottswinkel, zog bedauernd die Schultern hoch und goss etwas Limonade in die Weihwasserschale.

Wir hatten es gerade geschafft, da erschien auch schon der Bischof samt Ministranten. Er konnte in das Krankenzimmer eintreten und die sakrale Handlung vollziehen.

Es bleibt noch zu erwähnen, dass die Krankensalbung, wie im Jakobusbrief vorausgesagt, sehr erfolgreich war.

Unser Mutter wurde wieder gesund und hat danach noch viele Jahre gelebt.

Dem Tode nahe...

Damals, ich war gerade 22 Jahre alt geworden, und leistete bei der Bundeswehr, den Heeresfliegern in Laupheim, die letzten Wochen meiner 18-monatigen Wehrpflicht ab, war mein Schutzengel zuverlässig zur Stelle.

Das Soldatenleben und der militärische Ton auf den Kasernenhöfen waren meine Sache nicht. Stundenlang mussten wir, besonders in der Rekrutenzeit, das „Grüßen" der Offiziere üben. Dazu standen wir in Reih und Glied stramm vor den Unteroffizieren. An den Wortlaut ihrer Anweisungen erinnere ich mich noch genau:
„Wir üben das Grüßen durch das Anlegen der rechten Hand an die Kopfbedeckung, zweiter Mann folgt wenn erster Mann vorbei ist! Erster Mann anfangen!"
Diese geisttötende Beschäftigung war mir mehr als zuwider. Daher war ich natürlich froh, dass ich einige Tage Urlaub genehmigt bekam.

Zuhause bei meinen Eltern und meinem ältesten Bruder wurden zu dieser Zeit Vorbereitungen getroffen im Rahmen der „Nördlinger Messe" auf der Kaiserwiese, einen Ausstellungsstand aufzubauen. Besagter Bruder betrieb in Deiningen eine Werkstätte mit Landmaschinenhandel, die er von meinem Vater übernommen hatte.

Es war damals üblich, dass mit der Nördlinger Jahrmarktmesse eine Ausstellung verbunden wurde.

Mein jüngster Bruder, er war noch Schüler der kaufmännischen Handelschule Nördlingen, und ich konnten beim Aufbau des Messestandes schon recht gut zur Hand gehen.

Traktoren, Erntemaschinen und in eigener Werkstätte angefertigte Traktoranhänger wurden ausgestellt. Umzäunungen sind angebracht worden und sogar ein kleines Holzhaus stellten wir auf, in das man sich zu intensiveren Beratungs- oder Vekaufsgesprächen zurückziehen konnte. Um dem ganzen Stand noch etwas mehr Atmosphäre zu verleihen gingen wir daran Fahnenstangen aufzustellen..

Mit einem Traktor, an dessen Hydraulikvorrichtung ein großer Erdbohrer montiert war, huben wir die Erdlöcher aus, in die die Masten gestellt werden sollten. Während wir fleißig arbeiteten machte uns ein Mann, ich glaube er war von der UJAG, *(die UJAG war damals der Stromversorger für unsere Region)* darauf aufmerksam, dass sich hier im Erdreich ein Starkstromkabel befinde und wir bei unserer Arbeit mit Bedacht zu Werke gehen sollten. Tatsächlich stießen wir nach kurzer Zeit auf den Isoliermantel eines Stromkabels. Wir waren froh, dass uns der Mann auf die Gefahrenquelle aufmerksam gemacht hatte und gingen sogleich daran die Fahnenmasten in die Erdlöcher zu stellen. Die Masten waren zwar aus Aluminium, aber dennoch mussten meine beiden Brüder und ich kräftig hinlangen, um die Stangen in die gewünschte Position zu bringen. Gleichzeitig achteten wir sorgsam darauf, die Isolierung des Starkstromkabels im Erdreich nicht zu beschädigen.

Urplötzlich zuckten grelle blitzartige Feuerstrahlen aus der Aluminiumstange zu meinen Füßen. Auch zu den Händen, besonders zu den Fingerspitzen sprangen weiße Blitze und Funken. Ich verspürte nicht den geringsten Schmerz, fühlte mich jedoch willenlos und wie gelähmt. Alle Kraft war aus mir gewichen. Eine glühende Hitze durchflutete meinen ganzen Körper. Eine endlos scheinende Anzahl von Gedanken, Vorstellungen und Gefühlen durchzogen mein Gehirn. Ich hätte niemals geglaubt, dass in so wenigen Augenblicken mein bisheriges Leben wie im Zeitraffer in blitzartig auftretenden Bildern an mir vorüberrasen könnte.

Es wird drei verkohlte Leichen geben, drei Särge werden aufgestellt sein. Drei Brüder einer Familie. Niemand wird uns mehr erkennen.

Weder Schmerz noch Angst habe ich in diesen wenigen Sekunden empfunden. Noch einen Wimpernschlag lang sah ich den strahlend blauen Himmel über mir und war „tot" oder besser ich glaubte tot zu sein.

Ich weiß nicht wie lange dieser Zustand gedauert hat. Nach einiger Zeit vernahm ich wie von fern her Stimmen die immer lauter wurden. Durch die vor Entsetzen schreiende Menschen wurde mir allmählich klar, dass ich noch lebte.

Besonders grausam empfand ich die Rede eines Schaulustigen. Er sagte gefühllos: „Den brauchst du nicht mehr zu schütteln, der ist schon dahin!"

Diese Worte waren an meine Schwägerin gerichtet, die sich angsterfüllt über meinen Bruder gebeugt, verzweifelt ihre Ängste von der Seele redete.

Sanitäter und viele andere von tiefer Erschütterung geprägte Menschen standen dabei, fassungslos um Worte ringend. Mein jüngster Bruder war bereits im Nördlinger Stiftungskrankenhaus.

Ich wusste immer noch nicht was eigentlich geschehen war, wie aus einer anderen Welt drangen die Stimmen der vielen Menschen an mein Ohr.

Unsere Rettung verdankten wir dem beherzten Eingreifen eine Mannes aus der Ruhrstadt Essen. Er war der Schwiegervater meines ältesten Bruders. Geistesgegenwärtig griff er nach einer am Boden liegenden Schaufel, hakte mit dem Schaufelschild die Fahnenstange ein und riss sie von der Stromleitung weg.

Erst im Krankenhaus erhielten wir die Information, dass wir mit dem Fahnenmast an eine Hochspannungsleitung gestoßen waren. Die erhöhte Aufmerksamkeit auf das Erdkabel hat uns diese Gefahr nicht erkennen lassen.

Mein jüngster Bruder war noch mehrere Stunden bewusstlos. Zwei Finger waren regelrecht abgeschmolzen. Einige Zehen sind restlos abgebrannt und mehrere Hautverpflanzungen waren nötig, um die Verbrennungen zu heilen.

Meine Eltern waren kurze Zeit nach dem Unglücksfall im Krankenhaus. Unser jüngster Bruder war noch nicht bei Bewusstsein, aber die Ärzte waren der Meinung, er sei über dem Berg.

Vater und Mutter gingen mit großen Sorgen, aber nicht ohne Hoffnung wieder heim. Dass sie diesen harten Schicksalsschlag mit so viel Kraft bewältigt haben, verdanken sie, so glaube ich fest, ihrem unerschütterlichen Glauben, der sie schon früh fest aneinanderschweißte.

Am nächsten Morgen bauten sie nach alter Tradition, wie jedes Jahr, eine schönen Altar am Giebel unseres Hauses auf.

Es war Donnerstag, der 28. Mai 1964, Fronleichnamstag.

Die späten Folgen der Glaubensspaltung

Cuius regio, eius religio, auch: cuius regio, illius religio (für: ‚wessen Gebiet, dessen Religion', im damaligen Sprachgebrauch oft: „wes der Fürst, des der Glaub" Diese lateinische Redewendung, die besagt, dass der Herrscher eines Landes berechtigt ist, die Religion für dessen Bewohner vorzugeben, hatte auch Auswirkungen auf unser Dorf.

Der Ort war damals geteilt. Der nördliche Teil unterstand dem Grafen von Oettingen, der während der Reformation zur lutherischen Kirche übetrat, während der südliche Teil unter der Fuchtel des Wallersteiner Fürsten stand, der römisch-katholisch geblieben ist.

Es dauerte bis ins 19. Jahrhundert hinein bis die Bürger ihre Religion frei wählen konnten. Wobei diese Freiheit auf den Dörfern durch verwandtschaftliche Glaubenseiferer oder dickköpfige Pfarrer ihre Grenzen fand. Die konfessionelle Teilung löste nicht selten fanatische Feindschaften unter den Bewohnern aus, besonders dann, wenn Ehen zwischen den Konfessionen „drohten".

Dies bekamen auch zwei junge Menschen zu spüren die sich ineinander verliebten. Von ihnen will ich erzählen.

Hans wurde in eine katholischen Familie hineingeboren. Bereits im Kindesalter hat er seinen Vater verloren. Seine Mutter kämpfte sich mit zwei weiteren Kindern, Anna und Hedwig, durchs Leben. Anna war die Älteste. Hedwig, einige Jahre jünger, ist ins Kloster gegangen und hat dort bis zu ihrem Tod ein bescheidenes, frommes und zufriedenes Leben als Ordensschwester geführt. Sie ist in Oberstaufen begraben.

Anna hat später einen Landwirt geheiratet und als Bäuerin und Wirtschafterin zusammen mit ihrem Mann bis ins hohe Alter auf dem Hof gearbeitet.

Mutter ist nach dem Tod ihres ersten Mannes noch eine zweite Ehe eingegangen, aus der zwei Söhne, Josef und Alois, und eine Tochter, der sie den Namen Theresia gaben hervorgingen. Alois und Theresia sind schon im Jugendalter gestorben.

Anna, Hedwig und Hans verstanden sich gut mit ihrem Halbbruder und auch mit ihrem Stiefvater kam es nur sehr selten zu Differenzen, die aber allesamt überbrückbar waren und immer ausgeräumt werden konnten.

Hans ist schon in jungen Jahren nach Augsburg gegangen und hat dort eine Lehre als Handwerker begonnen.

Was ihn besonders auszeichnete war seine eiserne Disziplin, sein starker Wille, seine Offenheit, sein Fleiß und seine Ehrlichkeit, aber auch sein Zorn, der bisweilen wie ein Gewitter hereinbrach. Er war sein ganzes Leben lang ein gläubiger aufrechter Katholik. Jedoch bigottische Frömmelei war seine Sache nicht.

Er konnte jungen Frauen gegenüber sehr charmant sein, wenngleich die Sparsamkeit, die er schon von frühester

Kindheit an erlernt hatte, ihn nie dazu verleitete bei der Damenwelt allzu großzügig zu sein.

Seine schlanke, hochgewachsene Gestalt, die hohe Stirn und der entschlossene Blick nötigten Respekt und Achtung ab. Kurz vor dem Ende des 1. Weltkrieges wurde er noch eingezogen, kam aber als Soldat nicht mehr zum Einsatz, da der sinnlose Völkerkampf sein Ende gefunden hatte. Bald danach hat er im jugendlichen Alter von achtzehn Jahren die Werkstätte wieder eröffnet, die nach dem Tod seines Stiefvaters einige Zeit geschlossen werden musste.

Ganz anders verlief das Leben von Frieda.
Ihre Ahnentafel lässt sich bis in das 16. Jahrhundert zurückverfolgen. Vermutlich waren ihre Vorfahren im Zuge der Reformation evangelisch geworden. Sicherlich hat dazu auch die Zugehörigkeit zu einem Adelshaus eine Rolle gespielt.

Ihr Vater versuchte sich als Pächter von Gutshöfen. Allerdings war er damit nicht so erfolgreich wie sein Bruder, der das Gut Muttenau gepachtet hatte.

Die Jagdleidenschaft, der Umgang mit Mitgliedern fürstlicher oder gräflicher Häuser, trugen dazu bei, dass er oftmals die Aufgaben auf dem Feld, dem Stall und dem Hof vernachlässigte. So plagten ihn immer wieder Geldsorgen. Sein Bruder, der wesentlich erfolgreicher und diziplinierter wirtschaftete, kündigte ihm seine Bürgschaft auf, was zu einer erbitterten Feindschaft zwischen den Brüdern führte.

Die Familie war groß. Frieda wuchs mit einer Schwester und 5 Brüdern auf. Natürlich mussten alle auf den Feldern und im Stall mitarbeiten. Verdienst gab es für sie keinen. Jedoch wurde Frieda aufgetragen, für ein junges Kälbchen zu sorgen, also es zu füttern, misten, striegeln und dergleichen. Mit Hingabe erfüllte sie diese Aufgabe. Später so sagte man ihr, könnte sie das Rind verkaufen und so einen bescheidenen finanziellen Grundstock schaffen.

Aber es kam wieder einmal ganz anders.
Ein weiteres mal geriet ihr Vater in Geldnot. Da half es nichts, dass sich das Mädchen an den Hals des Kälbchens klammerte und seinen Verkauf verhindern wollte.

Der Vertrag mit dem Verpächter wurde beendet. Ein neues Kapitel begann.

Die Platzwirtschaft in Deiningen wurde übernommen. Zum Erstenmal sah sie Hans, den jungen Mann mit der hohen Stirn.

Wer ist denn dieser Mann mit dem „wilda hoacha Hira" (mit der hohen Stirn) wollte sie von ihrer Mutter erfahren.

Aber ihre Einschätzung änderte sich bald. Mit der Zeit fanden sich Hans und Frieda immer sypathischer.

Kurz gesagt sie verliebten sich ineinander.

„Hot er iazt plötzle koi wilds hoachs Hira mehr" ätzte die Mutter. Sie ahnte wohl was passieren könnte.

Er katholisch, die Tochter evangelisch ungünstigere Vorraussetzungen konnte sie sich nicht vorstellen.

Es war im Mai 1925, die jungen Leute trafen sich wieder einmal heimlich am Abend.
Den Duft des Flieders, den klaren Sternenhimmel, die laue Frühlingsluft und die aufkeimende Leidenschaft bemerkten wohl beide.

Aber sie fühlten sich stark genug ihrem Verlangen Zügel anzulegen.

Doch das war ein Irrtum!

Schon bald zeigte sich, dass die Mainacht nicht ohne Folgen geblieben war. Natürlich war auch den Gästen in der Platzwirtschaft ihre Liebschaft nicht verborgen geblieben. Auch wussten alle dass sie nicht das gleiche „Gebetbuch" hatten.

Frieda musste sich üble Frotzeleien anhören. Nur eine Gehässigkeit will ich erwähnen.

„Wird eine katholische Wurst in einem lutherischen Hafen auch weich?" wurde sie gefragt.

Viel wurde getuschelt und geredet. Dass sich der Zustand von Frieda veränderte ließ sich bald auch nicht mehr verbergen. Die Verwandtschaft beider Seiten, zeigte sich empört. Ein Katholischer und eine Luthrische und auch noch vorehelich schwanger, das sprengte die scheinheilige Moral der Verwandten.

In seiner Not wagte Hans einen mutigen Schritt. Er suchte das Gespräch mit seinem Pfarrer. Ehrlich schilderte er seine Situation und die ehrliche Zuneigung zu Frieda. Selbst das Geständnis über das Geschehen in der Mainacht klammerte er nicht aus.

Sorgsam wog der Geistliche seine Worte und das freimütige Geständnis des jungen Mannes.

Dann schaute er ihm fest in die Augen, fasste seine Hand und sagte ruhig und in sicherem Ton.

„Hans, halte dem Mädchen und eurem Kind die Treue und versucht miteinander glücklich zu werden."

Mit diesen Worten entließ er ihn, nicht ohne seine Hand kräftig gedrückt zu haben.

Nach diesem einfühlsamen Gepräch waren Hans und Frieda fest entschlossen unbeirrt ihren gemeinsamen Weg zu beschreiten.

8. Januar 1926

Der Winter hielt die Minus-Temperaturen noch fest im Griff. Ein scharfer Wind stöhnte um die Platzwirtschaft.

Frieda spürte, dass die Geburt ihres Kindes unmittelbar bevorstand. Ihre Mutter verlor durch die täglichen Belastung in der Gastwirtschaft, im Stall, Hof und Hauhalt, besonders aber auch durch die mangelnde Unterstützung ihres Gatten die Nerven. Mit dem Stubenbesen schlug sie auf ihre

Tochter ein und jagte sie aus dem Haus. Es wäre wahrscheinlich ungerecht, das Verhalten der Mutter gänzlich zu verurteilen. Sie war mit ihrer Kraft am Ende und hat die Nerven verloren.

Indes packte Frieda hastig ein paar Habseligkeiten zusammen und verließ das Haus in Richtung Bahnhof, der etwa einen Kilometer von ihrem Elternhaus entfernt ist.

Bis Nördlingen konnte sie mit dem Zug fahren. Von dort waren es nur wenige Kilometer nach Kleinerdlingen, wo eine verständnisvolle Tante sie sicher aufnehmen würde.

Vom Bahnhof in Nördlingen aus machte sie sich zu Fuß auf den Weg. Auf halber Strecke begannen jedoch die Wehen. Um etwas Kraft zu schöpfen setzte sie sich an den Straßenrand. Fruchtwasser ging ab. Streunende Kinder scharten sich um Frieda. Aber die erkannten nicht die schlimme Situation, lachten nur und kicherten.

Irgendwie besiegte der zähe Wille der Gebärenden die herrschende Not und sie erreichte das Haus der Tante. Ein gesundes Kind erblickte wenige Minuten später das Licht der Welt.

Das Licht der Welt?
Die Dunkelheit des Schicksals?
Den Beginn der eigenen Geschichte?

Der Mensch erkennt bei seiner Geburt niemals das große Fragezeichen, das sich am Anfang seines Lebens auftürmt.

Er wird ohne eigene Entscheidungsmöglichkeit hineingestellt in den Lauf der Zeit.

Tage, Wochen und Monate vergingen. Friedas Vater pachtete den Sternbacher Hof bei Amerdingen.
Hans wollte natürlich die Mutter seines Kindes unbedingt heiraten. Aber die Konfessionen und noch mehr die Verwandtschaft standen diesem Vorhaben im Wege.
Da beschloss Frieda zu konvertieren.

Das evangelische Pfarramt in Unterringingen, zu dem auch Amerdingen und der Sternbacher Hof gehörte, reagierte äußerst unchristlich. Es machte sie darauf aufmerksam, dass sie das Recht verwirkt habe kirchlich beerdigt zu werden. Eine Kopie des kirchlichen Dokuments ist heute noch in meinem Besitz.

Aber Frieda und Hans waren in der Zwischenzeit klug und selbstbewusst geworden. Sie dachten nicht daran zu sterben und somit war die Inanspruchnahme der kirchlichen „Serviceleistung" derzeit in weiter Ferne.

Nun konnte Frieda die katholischen Gottesdienste besuchen. Jedoch das katholische Kirchenvolk vergaß die Tugend der Barmherzigkeit. Als sie sich in eine Kirchenbank setzen wollte war plötzlich kein Platz. Man ließ sie einfach nicht in das Gestühl.

Die Messe begann, Frieda stand allein im Gang. Die Augen des Kirchenvolkes waren auf sie gerichtet. Aber sie blieb erhobenen Hauptes stehen und blickte geradeaus in den

Altarraum, in dem der Pfarrer, damals noch mit lateinischen Gebeten, die Zeremonie begann.

Als er nun bemerkte, dass Frieda im Gang stand, wenngleich genügend Platz in den Bänken vorhanden war hielt er inne und schaute mit festem Blick durch die Bankreihen der „frommen" Frauen. Unruhe entstand in den Bänken. Zögerlich rückten einige etwas zusammen. Frieda fand nun einen Platz, der Pfarrer setzte die Messfeier fort.

Jahre vergingen und nahmen einen großen Teil des Lebens mit.

Frieda hat 10 Kinder geboren. Das Jüngste, als das Älteste bereits 22 Lenze zählte. Tagtäglich sorgte sie für alle Familienmitglieder. Die kleine Landwirtschaft musste sie meist mit ihren Kindern allein bewirtschaften.

Hans arbeitete hart in der Schmiedewerkstatt. Sein Arbeitstag begann in den Sommermonaten oft schon morgens um vier Uhr. Stundenlang konnte er am Amboss stehen oder Sensen dengeln, die die Bauern am Abend brachten. Von Zeit zu Zeit, wenn ihre Kinder miteinander stritten und ihr das Leben schwerer machten als es ohnehin schon war, rief Frieda ihren Mann um Hilfe. Seine unangefochtene Autorität sorgte in kürzester Zeit für Zucht, Ordnung und Gehorsam.

Die schwere Feldarbeit, pflügen, mähen mit der Sense oder der Gaukel erledigte Hans natürlich selbst. Frieda hat ihr ganzes Leben lang ihren Humor nicht verloren, und oft ein fröhliches Lied geträllert.

Sie war vor allem bibelkundig und brachte mit diesem Wissen ihre katholischen Glaubensgenossinnen des öfteren in Verlegenheit.

Alle ihre Buben sind übrigens Ministranten gewesen. Sie wurden stets angehalten diesen Dienst gewissenhaft zu erfüllen. Hans und Frieda gaben sich redlich Mühe ihren Kritikern keine Angriffsflächen zu geben.

Die Zeit heilte die Wunden, die in diesen schwierigen Tagen entstanden sind. Narben sind aber geblieben.

Ihren Kindern haben Frieda und Hans von den Schwierigkeiten die sie durch die Glaubensspaltung meistern mussten erst im hohen Alter und stets mit Wehmut erzählt.

Die letzten Worte

...ich bitte dich um Christi Blut, mach es mit meinem Ende gut!

Erst wenige Tage zählt das Jahr 1994.
Das Zimmer im Stiftungskrankenhaus ist klein. Um das Bett der 88 Jahre alten Frau stehen ihre beiden ältesten Töchter Anneliese und Hedwig, ihr Sohn Alfred und dessen Frau Elfriede.

Ein langes ereignisreiches Leben geht seinem Ende entgegen. Die Dabeistehenden ahnen, dass sie in wenigen Minuten ihre Mutter verlieren werden.

Die Frau atmet immer langsamer. In ihr Gesicht haben sich trotz des Alters nur wenige Falten eingegraben. Die schneeweißen Haare kleben an Stirn und Nacken. Markant ragt die Nase über den schmalen Lippen aus dem fahlen Gesicht. Aus ihren halb geöffneten Augen scheint sie in die Unendlichkeit zu blicken. Stumm schauen die Dabeistehenden auf die im Todeskampf liegende Mutter.

Elfriede, die jüngste Schwester, wird es wohl nicht mehr schaffen, sie lebend zu sehen sagen die Geschwister zueinander. Sie soll von Bad Homburg kommend mit dem Zug in den nächsten Minuten am Bahnhof eintreffen. Alfred verlässt eilig das Zimmer um seine Schwester abzuholen. Der Zug hat einige Minuten Verspätung. Nach einer kurzen Begrüßung eilen sie zurück und erreichen das Krankenzimmer als sich ihre Mutter von heftigen Krämpfen geschüttelt im Bett wälzt.

Elfriede unsere Schwester fasst ihre Hand. Die Sterbende scheint sich zu beruhigen. Ihr Atem wird gleichmäßiger, ruhiger aber auch schwächer. Im Raum herrscht eine bedrückende Stille.

Was erlebt ein Mensch wenn er stirbt?

Zieht sein Leben im Zeitraffer in zahllosen Bildern noch einmal an ihm vorüber?
Quält das Gewissen eine ungetilgte Schuld?
Erfüllt sich seine religiöse Hoffnung auf ein endloses Glück, ohne Leid, Kummer und Not?
Erkennt er, dass das Leben ohne Sinn erlischt, flüchtig wie die flackernde Flamme einer abgebrannten Kerze?
Aber wozu braucht es das Leben, wenn alles mit dem Tod endet?
Wo bleibt die Gerechtigkeit, wenn das erlittene Unrecht nie gesühnt werden wird?
War sein Glaube eine raffinierte Lüge, oder eine unwiderlegbare Offenbarung an vorrausgegangene Generationen?
Wird es nach dem Tod offenbar?

Solche Gedanken huschen, unausgesprochen wie flüchtige Schatten, durch das nüchterne Krankenhauszimmer.

Noch einmal krampfen sich die Arme der Sterbenden zur Brust, als suchten die Hände Halt. Ein letztes mal bewegen sich die schmalen Lippen. Einen Herzschlag lang öffnen sich ihre Augen.

Ein Stoßgebet, ganz deutlich und flehend gesprochen, sind ihre letzten Worte.

„Ich bitte dich um Christi Blut, mach es mit meinem Ende gut!"

Stille, Schweigen, ein stummes Gebet.

Die Mutter ist tot.